2,80/1

Über dieses Buch

Dieser charmant-ironische Leitfaden ist das Ergebnis eingehender Beschäftigung von C. Northcote Parkinson mit den Problemen, vor die sich die Hausfrauen tagtäglich gestellt sehen.
Erfolgreichen Männern sind die bewährten Parkinsonschen Gesetze schon seit Jahren geläufig.
Mit »Mrs. Parkinsons Gesetz« bekommen nun auch die Frauen einen Ratgeber an die Hand, der ihnen zeigt, was zu tun ist, wenn ihnen die Schwierigkeiten über den Kopf wachsen.
»Mrs. Parkinsons Gesetz« bildet den Höhepunkt einer Reihe von Betrachtungen: über Romantik zum Beispiel (und die Kunst, aus der Kurzgeschichte des Verliebtseins den Roman einer Ehe zu machen), über Zweit-, Dritt- und Leihwagen, über das Reisen und die in der ganzen zivilisierten Welt rapide anwachsenden Probleme des Ruhestandes.
Besondere Aufmerksamkeit verdient das Kapitel über die jüngste unter den Wissenschaften, nämlich die der Teen(age)-ologie! Eltern, die sich gerade mit diesem Kapitel in der Praxis auseinandersetzen, werden erstaunt sein nicht nur über die Fortschritte der Forschung, sondern auch über die Rückschrittlichkeit unserer Jugend. Es wird eindeutig klar, daß uns wesentliche Aspekte des Generationenproblems bisher verborgen waren.
»Mrs. Parkinsons Gesetz« ist mehr als nur eine vergnügliche Lektüre für geplagte Ehefrauen – ein Buch, das in seiner klugen, humorvollen Art zum Nachdenken anregt und den Frauen das Gefühl gibt, daß die ihnen gestellten Aufgaben zu meistern sind.

Vollständige Taschenbuchausgabe
Droemersche Verlagsanstalt Th. Knaur Nachf.
München/Zürich
Mit Genehmigung der Econ Verlag GmbH, Düsseldorf

Titel der englischen Originalausgabe
Mrs. Parkinson's Law
Ins Deutsche übertragen von Ursula von Zedlitz
Umschlaggestaltung von Friedrich und Hannelore Schwarzat
Gesamtherstellung Richterdruck, Würzburg
Printed in Germany
ISBN 3 426 00250 7

1.–25. Tausend März 1971
26.–31. Tausend Juli 1971

C. Northcote Parkinson:
Mrs. Parkinsons Gesetz

und andere Untersuchungen
auf dem Gebiet der Hauswissenschaft

Droemer Knaur

Inhalt

Für Ann

Vorwort

Täglich unterscheidet die Welt zwischen Menschen, die auswärts, und solchen, die zu Hause arbeiten. In früheren Büchern habe ich vorwiegend für diejenigen geschrieben, die ins Büro gehen, und zwar hauptsächlich für Männer. Ich habe insbesondere Probleme erörtert, die sich auf Verwaltungs- und Komitee-Wesen, auf persönliche Beförderung und Steuerumgehung beziehen. Um endlich auch der übrigen Menschheit gerecht zu werden, befasse ich mich in diesem Buch mit den Fragen der Häuslichkeit. Da es vornehmlich, wenn auch nicht ausschließlich, für Frauen geschrieben wurde, handelt es von Ehemännern, Ehefrauen, Kindern, Gästen, Häusern, Installationen, Einbauschränken und Autos. Während jedoch die Hilfe, die ich Hausfrauen damit bieten möchte, hoffentlich nützlich und angebracht ist, könnte man meinen Titel leicht mißverstehen. Auf den ersten Blick könnte man glauben, das Buch sei von Mrs. Parkinson geschrieben oder handele von ihr. Daß ich ihrer Unterstützung und Anteilnahme alles verdanke, dürfte unverkennbar sein, um so mehr, als Mrs. Parkinsons Gesetz (Kapitel 6) auf ihrer eigenen Erfahrung beruht. Als ehemalige Redakteurin eines Briefkastens, wo persönliche Probleme ausgebreitet und gelöst wurden, ist sie außerordentlich versiert in den Schwierigkeiten und Katastrophen, die in der Häuslichkeit auftreten. Jedoch darf man nicht etwa annehmen, daß es ihre Ansichten wären, die in diesem Buch zur Sprache kommen.
Man darf es auch nicht für ein Werk von Mrs. Parkinson halten und erst recht nicht, daß es womöglich autobiographisch sei. Denn meine Absicht war, Verhältnisse zu erörtern, die sowohl in englischen wie in amerikanischen Familien als normal gelten. Unser eigenes Eheleben begann in Singapur, wo zu den völlig andersgearteten Problemen auch noch ein Bürgerkrieg hinzukam. Und was die tägliche Reise ins Büro betrifft, so hat es im Leben des Autors eine solche nie gegeben. Die Probleme, die eine Vortragsreise aufwirft, sind zwar sehr real, jedoch dürften sie andere kaum interessieren. Daher ist die biographische Komponente nur gering, aber meine Reisen gaben mir die Gelegenheit, zu beobachten. Auch habe ich einige Erfahrung als Amateur-Architekt und Baumeister. Mit dem Wissen, das ich mir im Lauf der Jahre aneignete, versuchte ich nun, auf die Haushaltung die gleichen Erkenntnisse – was immer sie wert sein mögen – anzuwenden wie seinerzeit auf den privaten und öffentlichen Verwaltungsapparat. Zwischen Schreibmaschinenbüro und Küche besteht der Hauptunterschied –

wie ich erkannte – darin, daß der leitende Angestellte mit anderen arbeitet, jedoch die Hausfrau von heute allein arbeiten muß. An Hand ihrer mißlichen Lage entdeckte ich Mrs. Parkinsons Gesetz, das erstmalig in *McCall's Magazine* erschien. Meine Untersuchung der häuslichen Hintergründe des Problems sowie ihrer logischen Folgen vom Kindergarten bis zum Bereich der Teenologie führte dazu, daß daraus nicht ein Aufsatz, sondern ein Buch entstand.

Wie in dem Vorwort zu anderen Werken muß ich den Vielen meinen Dank für ihre Hilfe und Unterstützung aussprechen, insbesondere den Mitgliedern meines Haushalts, wie auch Mrs. J. K. Neill, die die Reinschrift des Manuskripts so ausgezeichnet besorgte. Was die Person, der das Buch gewidmet ist, angeht, so habe ich mich bemüht, zu beweisen, daß es trotz des Titels von mir geschrieben wurde. Das heißt jedoch nicht, daß ich ohne ihre Unterstützung gearbeitet hätte. Zwar ruht die Verantwortung für eventuelle analytische oder sachliche Fehler bei mir, aber das Verdienst für das, was annehmbar ist, muß mit ihr geteilt werden. Daß sie unter dem gleichen Titel ein viel besseres Buch hätte schreiben können, bezweifle ich nicht, und nur die häuslichen Aufgaben hindern sie daran, zum Schreiben zurückzukehren. Bis dahin bitte ich sie, mir zu vergeben, daß ich ihren Namen unnütz gebraucht habe.

C. Northcote Parkinson

Das Menschenleben währet siebzig Jahre, aber der Psalmendichter vergaß hinzuzufügen, daß ein Mensch vielleicht fünfzig Jahre davon verheiratet sein kann, und das sogar mit derselben Frau. Ein halbes Jahrhundert ist keine lange Zeitspanne, um irgendein wichtiges Werk zu schaffen, aber durchaus lang genug für einen Dialog mit einem anderen Menschenwesen. Die Quellen, aus denen wir Inspiration, Erfahrung, Wissen und Phantasie beziehen, dürften in fünfzig Jahren versiegt sein – wenn nicht überhaupt schon in fünfzig Wochen (– oder Minuten). Es kommt die Zeit, da sich unsere Anekdoten, unsere Komplimente, unser gemeinsames Wissen und unsere Ansichten erschöpft haben. Manche Berufe sind natürlich interessanter als andere: Testpiloten und Fassadenkletterer haben zweifellos Erlebnisse, die einen interessanten Gesprächsstoff bieten. Geheimagenten haben sicherlich Dinge zu erzählen, die von ihrer Schweigepflicht nur teilweise betroffen sind. Für das Durchschnittspaar jedoch ist das Leben weniger ereignisreich, seine dramatischen Höhepunkte belaufen sich höchstens auf einen Streit im Büro, einen Gelegenheitskauf auf dem Supermarkt, ein Parkvergehen oder einen Rohrbruch. Sherlock Holmes hätte sicherlich einen äußerst unbequemen Ehemann abgegeben, aber als Gesprächspartner wäre er, zumindest beim Frühstück, unterhaltend gewesen.

»Du erinnerst dich, Watson – pardon, meine Liebe –, an die Liga der Rothaarigen Männer?«

»Aber natürlich, Sherlock. Eine wirklich höchst mysteriöse Sache. Gib mir doch bitte die Orangenmarmelade.«

»Darf ich um den Toast bitten? Danke . . . Nun, den Fall habe ich gestern gelöst. Nichts Besonderes übrigens, aber nichtsdestoweniger beachtlich, wegen einiger bestimmter Faktoren . . .«

In der nächsten Woche war es dann vielleicht das Gefleckte Band oder der Hund von Baskerville, und obwohl diese Vorfälle nicht unbedingt dramatisch zu sein brauchten, lieferten sie doch zumindest Gesprächsstoff. Dagegen ist unser eigenes Leben eher farblos. Ein Durchschnittspaar hat vielleicht genügend gemeinsame Interessen, um zwei Jahre lang an der gegenseitigen Gesellschaft Gefallen zu finden. Im dritten Jahr aber mag sich bei ihm der Verdacht einstellen, daß das Gegenteil von Polygamie Monotonie heißt. Kurzum, es langweilt sich tödlich.

Hinsichtlich ihrer Gelangweiltheit neigen die Menschen zu der Vermutung, daß sie seit eh und jeh unvermeidbar ist. Die Art der

Ehe, die sie eingegangen sind, ist (für sie) universal und ewig, wobei die Nachteile so eingeboren sind wie die Vorteile. Wenn sie sie schwer erträglich finden, so vermuten sie, daß das immer so gewesen ist und die vorangegangene Generation lediglich mehr Diskretion in Fragen bewiesen hat, die wir heute als psychologisch erachten und die deshalb öffentlich breitgetreten werden dürfen. Die Ehe ist jedoch keineswegs dermaßen geheiligt. Was wir nämlich für normal halten, ist eine Eigentümlichkeit unseres Landes und unseres Zeitalters. Anderswo und zu anderen Zeiten hatten die Menschen ganz andere Ansichten. Salomon mit seinen siebenhundert Frauen und dreihundert Konkubinen ist ein treffendes Beispiel. Sicherlich hatte er eigene Probleme, aber seine Probleme waren nicht die unsrigen. Mohammedaner mit vier Frauen (genug für eine Bridgepartie) oder tibetanische Frauen mit mehreren Ehemännern haben sicherlich ihre ganz spezifischen Sorgen. Jedoch muß in ihren Augen etwas fast Abartiges in dem Verhalten eines Paares bestehen, das sich freiwillig auf eine Ein-Ehe beschränkt. Was wäre unnatürlicher? Denn zwei Menschen, die so verrückt isoliert leben, ohne Verwandte, Dienstboten, Nachbarn oder Kamele – häufig sogar ohne eine Ziege –, müssen einander doch auf die Nerven gehen! Und das tun sie allerdings auch häufig. Indessen müssen wir begreifen, daß die Zweipersonenfamilie, mit der eventuellen Ergänzung durch Kinder, ein relativ neues Experiment ist, das sich noch dazu auf gewisse Teile der Welt beschränkt. Für das viktorianische London etwa war sie keineswegs charakteristisch, wo die Hälfte der Einwohner Hauspersonal gewesen sein dürfte, das mehr oder weniger in der Gemeinschaft der Familie lebte, zu welcher häufig Großmütter, Vettern, Kusinen und Tanten gehörten. Die Zweifamilienhauswelt der Vororte mag vielleicht ein gewisser Fortschritt sein, scheint aber auf den ersten Blick ebenso viele neue Probleme aufzuwerfen. Um uns darüber klarzuwerden, müssen wir verstehen, inwiefern sich die Lage verändert hat und inwiefern (wenn überhaupt) wir unsere Situation verschlechtert haben.

Bis vor verhältnismäßig kurzer Zeit wurde die Institution der Ehe durch die vereinten Bemühungen von Kirche und Staat, durch sozialen Druck und Ermahnung, durch Konvention und Aberglauben, durch Snobismus und Gesetz verstärkt und unterstützt. Es bestand jeder erdenkliche Anlaß dazu, den Schein von Glück aufrechtzuerhalten und das Scheitern einer Ehe zu bestrafen. Wer seine Gattin verließ, um mit einer anderen Frau durchzubrennen, ging seiner Ehrenämter verlustig, verlor seine Stellung und jede

Hoffnung darauf, jemals bei Hofe empfangen zu werden. Es konnte ihm passieren, daß man ihm das Abendmahl verweigerte, einen Bankkredit ablehnte und er bei Parfalljagden vom Leiter geschnitten wurde. Und eine Frau, die sich nur den geringsten Ehebruch zuschulden kommen ließ, riskierte, geschieden, enterbt, entehrt und verachtet zu werden. In jenen Tagen hatte jeder jeden Grund, einen Skandal zu vermeiden, insbesondere, wenn die Untreue eines Mannes mit der Frau eines anderen geschehen war. Hand in Hand mit den Privilegien einer gesellschaftlichen Stellung ging die Pflicht, bis zum äußersten den Schein ehelicher Treue zu wahren. In den unteren Gesellschaftsklassen waren der Druck der gleiche und Strafen womöglich noch schlimmer. Bis vor ganz kurzem hat der Gesetzgeber alles getan, um Scheidungen zu verhindern, da er nur zu unzulänglichen, verspäteten, zögernd und unwillig eingeräumten Zugeständnissen bereit war.
Als jene Maßnahmen am drückendsten waren, ließ sich eine Ehe sehr viel leichter aufrechterhalten. Zunächst war sie von verhältnismäßig kurzer Dauer. Unsere Vorfahren des Mittelalters heirateten jung, die Mädchen oft schon mit vierzehn, aber die Lebenserwartung war im Durchschnitt kurz. Wurde jemand siebzig, so hatte er gewöhnlich drei bis vier Ehen hinter sich. Der Treueschwur »bis daß der Tod uns scheide« war damals keine so ernste Sache wie heute. Ehepaare wurden in kürzester Zeit durch Hungersnot, Pest, Kindbett, Feuersbrunst oder Krieg getrennt. Praktisch wurde die Treue für zehn bis fünfzehn Jahre gelobt, und der Überlebende verheiratete sich wieder. Die Chancen, daß eine Ehe fünfzig Jahre währte, dürften äußerst gering gewesen sein. Als Beispiel für ein Familienleben im 16. Jahrhundert bietet sich *Hamlet*, V. Akt, Szene 2, an: Ehe der Vorhang vor dieser alltäglichen Szene fällt, ist die Königin vergiftet, Hamlet und Laertes bringen sich gegenseitig um, und Hamlet hat vor seinem Tode gerade noch Zeit, den König zu töten. Ophelias Beisetzung hat bereits in Szene 1 stattgefunden, und wir erfahren nun noch von der Hinrichtung von Rosenkrantz und Güldenstern, so daß so gut wie alle Personen des Stücks beseitigt sind. Fast die einzige Figur, die noch auf der Bühne steht, ist der britische Botschafter, der sich suchend nach jemandem umsieht, dem er sein Beglaubigungsschreiben überreichen könnte. »Der Anblick ist entsetzlich«, sagt er ohne Übertreibung, »und das Geschäft von England kommt zu spät.« Das wollen wir gern glauben, aber bemerkenswert ist die Zahl der Todesopfer in Friedenszeiten. Hamlets Heirat wäre, hätte sie stattgefunden, eine ernste Angelegenheit gewesen, aber niemals von

der Tragweite einer modernen Ehe. Sie konnte nicht ewig währen und hätte in der Praxis vielleicht nur kurz gedauert.
Der Ehestand von früher war nicht nur von kürzerer Dauer, er war auch viel weniger exklusiv. Nach der Hochzeit hatte das Paar Verwandte und Nachbarn um sich. Es gehörte, wie eh und je, zu einer Gesellschafts- und Familiengruppe, die es zwar durch ihre Konventionen hemmte, aber auch vor Einsamkeit bewahrte. Ein Dorf war damals, wie oft noch heute, ein Gemeinwesen miteinander verwandter Familien, so daß man durch Heirat nicht etwa seine Verwandten verlor, sondern noch neue hinzubekam. Und in einem großen Haushalt gab es Scharen von Dienstboten, ständige Gäste und vielfachen Anlaß zu Freude und Leid. Bis vor verhältnismäßig kurzer Zeit wurde die Ehe durch solche Zugehörigkeit verwässert. Früher gab es eine Bühnenkonvention, deren Shakespeare sich bediente und die später Sheridan verspottete: die Heldin mußte eine Vertraute haben. Ein schwachsinniges Wesen, dem alles haarklein erzählt werden mußte und das nicht von ihrer Seite wich. Sogar männliche Personen griffen zu einer ähnlichen Konstruktion, wie etwa in *The Critic*, wo Sir Christopher Hatton gleich zu Anfang an Sir Walter Raleigh die Frage richtet, warum die Streitkräfte der Königin zusammengezogen worden seien.

»Ich kann vermuten nur – verzeih, mein Freund,
ist die Vermutung übereilt – ich kann
vermuten nur – der Staat ist in Gefahr . . .
Sir Walter: Deine Furcht ist berechtigt.
Sir Christopher: Doch wo? Woher? Wann? Und welche
Gefahr besteht – das würd' ich gern erfahren.«

Diese Eröffnung gibt Sir Walter die Gelegenheit, seinem Freunde (und dem Publikum) zu erklären, daß die Spanische Armada unterwegs ist.
Die Bühnenfigur der tumben Dienerin beruht immerhin auch auf Wirklichkeit. Als Tilburinas Vertraute ihre Teilnahme bekundet, wird sie rasch zurechtgewiesen.

Tilburina: Ach, meine sanfte Nora,
Deine zarte Jugend hat der Liebe Dolchstoß
nie beweint. Sonst wüßtest du, daß, wenn
die Seele in Verzweifelung gestürzt ist,
sie von der Fröhlichkeit nichts wissen mag.

»Das stimmt«, kommentiert ein Umstehender gefühllos, aber Nora hat ihren Zweck erfüllt. Noch dazu tritt sie von neuem auf, als die Tragödie ihren Höhepunkt erreicht. Die Regieanweisung lautet: »Tilburina tritt auf, total wahnsinnig, in weißem Atlaskleid, sowie ihre Vertraute, total wahnsinnig, in weißem Leinenkleid.« Diese Theaterkonvention spiegelt, selbst in der Parodie, eine Gesellschaft wider, in der Leute von Rang selten ohne Dienerschaft, und sogar niedriger Gestellte selten allein waren. Es waren immer Menschen zur Hand, mit denen Staunen, Ärger oder Kummer geteilt werden konnte; Menschen, die zum Lachen und Weinen bereit waren. Das bloße Verheiratetsein nahm dem Herrn nicht seinen Kammerdiener und der Herrin nicht ihre Zofe. Und für Diener und Zofe war anderes Gesinde da, mit dem sich über die Mängel der Herrschaft diskutieren ließ. Das Leben vor 1900 bot viele Nachteile, aber die Isolierung des einzelnen gehörte im allgemeinen nicht dazu. Die Psychoanalytiker hatten ihre große Zeit noch vor sich.

Während also die Ehe durch die Anwesenheit anderer verwässert wurde, ist es fraglich, wieviel die Eheleute des Mittelalters überhaupt voneinander erwarteten. Sie waren nicht so individuell, wie ihre Nachfahren es sind, und die Ehe war keine Frage der persönlichen Wahl. In Familien von Rang erstreckten sich die vorehelichen Verhandlungen von Feudalstellung bis zu Großgrundbesitz, von Ahnentafel bis zu Vermögen. Die Hauptbeteiligten wollten zwar eine mittellose oder kinderlose Ehe vermeiden, aber ihr persönlicher Geschmack dürfte ziemlich unkompliziert gewesen sein. In Religion oder Politik, Musik oder Essen waren keine großen Meinungs- oder Geschmacksunterschiede zu erwarten, und die Gefahr, einen totalen Abstinenzler geheiratet zu haben, war gleich Null. Bei einem Mädchen durften mit ziemlicher Sicherheit Haushaltskenntnisse vorausgesetzt werden und Unwissenheit in Theologie oder Rechtswissenschaft. Der Status eines Mannes hing nicht von Ansichten, sondern von Tatsachen ab. Sein Charakter war eine Frage des öffentlichen Rufs, je nachdem seine Vorfahren ehrlich oder betrügerisch, freigebig oder geizig gewesen waren. In Indien wurden Ehen im Auftrage beider Elternpaare durch einen Vermittler arrangiert, und Braut und Bräutigam sahen sich zum erstenmal am Hochzeitstag. Im Westen war das nie allgemein üblich, aber auch dort war die Ehe mehr als eine rein persönliche Angelegenheit. Der Bund konnte aus den verschiedensten Gründen geschlossen werden, wobei Gefühle an letzter Stelle standen, und die Beteiligten hatten keinen Anlaß zur Klage, sofern Alter, Rang, Gesundheit und Vermögen ihres Partners zufriedenstellend waren. In mancher Beziehung, beispielsweise im Punkte Vermögen, verlangten unsere Vorfahren viel mehr als wir. In rein persönlichen Dingen verlangten sie sichtlich weniger.

In einer Welt, wo Vernunftehen an der Tagesordnung waren, ereignete sich von Zeit zu Zeit eine Liebesgeschichte. In der höfischen Tradition der Provence wurde von einem Edelmann nahezu erwartet, daß er eine unglückliche Liebe zu der Frau eines anderen hege. Aber abgesehen von den Troubadouren (die außerordentlich langweilig sein konnten), gibt es Berichte von anderen jungen Menschen, die sich ineinander verliebten: die Kaufmannstochter, die den Partner des Vaters heiraten soll, brennt mit dem hübschen Lehrling durch. Sohn und Tochter zweier verfeindeter Familien von Verona lieben einander, was zu großen Unannehmlichkeiten für alle Beteiligten führt. Derartige Vorfälle haben zweifellos stattgefunden und boten naturgemäß Anlaß zu allgemeiner Kritik und sogar Ablehnung. Die weltliche Obrigkeit hatte natürlich alles Interesse daran, einem Verhalten entgegenzuwirken, das zu Privatkriegen, Mord und Totschlag und zu Duellen führen konnte. Auch die Kirche mußte sich gegen Beziehungen wenden, deren Leidenschaftlichkeit die Liebe zu Gott zu verdrängen drohte. Die Anbetung eines Mädchens ist schließlich eine Art Götzendienst. Somit sprach sich jede vernünftige und verantwortungsbewußte Meinung für arrangierte Ehen und gegen hirnrissige Liebesabenteuer aus. Jedoch verband sich mit solcher unverhohlenen Verurteilung ein lebhaftes Interesse an jeder Entführung, da sich in die schokkierte Mißbilligung auch Neid mischte. Denn eine mit Recht als töricht und gottlos bezeichnete Eskapade kann (natürlich) zunächst sehr viel Spaß machen. Die Verurteilung war naturgemäß lautstarker als der Neid, obwohl man niemandem einen Vorwurf machen konnte, daß er, bevor er sich dazu äußerte, erst einmal alle Einzelheiten wissen wollte. Selbst das unbedachteste Betragen konnte zumindest einen guten Romanstoff bieten: einen *roman* im Französischen, eine Erzählung, wie sie sich in der griechischen und römischen Literatur findet, vorchristlich in der Epoche und entsetzlich heidnisch in ihrer Moral; Erzählungen wie die von Helena, Paris und der Belagerung Trojas. So bedauerlich ihr Tenor war – die Alten wußten es eben nicht besser –, so unbestreitbar war ihr Unterhaltungswert. Man könnte ihnen sogar eine Moral zuschreiben, denn kein anderes Liebesabenteuer hat für die Beteiligten, ja sogar für Tausende, die nur am Rande damit zu tun hatten, so vernichtende Folgen gehabt. Die Veröffentlichung der *Ilias* ließ sich beinahe damit rechtfertigen, daß sie der Jugend ein abschrekkendes Beispiel für die Saat der Torheit bot.

Der *roman* oder die Romanze verwandelte sich in den Roman, einen gedruckten Bericht über mehr oder weniger (vermutlich das letztere) wahrscheinliche Ereignisse, in denen Liebe üblicherweise die Hauptrolle spielt, und zwar nach einem ziemlich unveränderten Schema. So predigt der Romanschriftsteller im allgemeinen das Evangelium der romantischen Liebe. Wenn der Held, Graf Normantowers, sich jedem vernünftigen Rat widersetzt, um die hübsche Tochter eines mittellosen Vikars zu heiraten, so ist das ein geeignetes (wenn auch nicht gerade originelles) Thema für einen Roman. Sollte derselbe Held in Kapitel XXII anderen Sinnes werden und statt dessen beschließen, die Erbin eines wertvollen Grundstücks in Knightsbridge zu ehelichen, so wäre das ganz und gar nicht romantisch. Held und Heldin des Romantischen müssen demnach bereit sein, um der Liebe willen alles, aber auch alles zu opfern. Diese Konvention ist älter als der Roman, und Jane Austen, die erste bedeutende englische Romanschriftstellerin, wollte ihre Lächerlichkeit demonstrieren. In *Love and Friendship* (Liebe und Freundschaft), das sie mit siebzehn Jahren schrieb, behandelte Jane gewissenhaft den Begriff der »Liebe auf den ersten Blick«. In diesem Buch benutzte sie alle Elemente der romantischen Erzählung. Der hochgeborene Held lehnt die geplante und passende Heirat ab, verzankt sich mit seinem Vater, erlebt Abenteuer, gerät in Gefahr, verliebt sich augenblicklich und heiratet umgehend; alles infolge der Romane, die er gelesen hat. Sie nimmt auch ein anderes Element des Liebesromans vorweg: das Gesinde. Das bescheidene Häuschen im Tal von Usk hatte Dienstboten, und Edward, der unangesagte Gast, war nicht ohne Reitknecht. Die romantische Wirkung wäre total zerstört gewesen, hätte die Heldin eigenhändig Geschirr waschen müssen. Aber keine wohlgeborene Familie des 18. Jahrhunderts war jemals so verarmt, daß sie kein Personal gehabt hätte. Deshalb schreibt man die kühnsten Neuerungen der Roman- und Dramenliteratur des 20. Jahrhunderts der »Spülbecken-Schule« zu. Mit unendlichem Zögern haben wir das Spülbecken in die Erzählung eingeschleust und damit die romantische Stimmung gründlich zerstört. Für Jane Austen lag eine derartige Entwicklung noch in ferner Zukunft. Ihre Zeitgenossen waren romantisch, und Sir Walter Scott war einflußreicher als sie. Sie erkannte jedoch, daß Menschen durch die Belletristik, die sie lasen, berührt wurden. Romane waren bereits zu Leitbildern geworden.

Seit den Tagen Jane Austens ist Romantik zur anerkannten Konvention geworden. Die früheren Ehetheorien haben sich allmählich abgeschwächt, und die romantische Bindung gilt als zentrale Idee. Die romantische Erzählung hat an Einfluß verloren und hätte mit der Erschöpfung ihres Themas durchaus aussterben können, hätte die Romantik selbst sich nicht mehr denn je ausgebreitet. Im 20. Jahrhundert hat die Tageszeitung den Roman bis in die ärmsten Wohnstätten getragen, und danach folgten rasch der Film, die Frauenzeitschrift, das Taschenbuch, das Abzahlungssystem, Radio, Pop-Musik und Fernsehen. Die Schlagkraft der romantischen Idee wurde dadurch enorm untermauert und sogar für Analphabeten anschaulich gemacht. Statt einer Ehe, die durch Kirche und Staat, Konvention und Gesetz bestätigt wird, haben wir jetzt die romantische Ehe. Die leidenschaftliche Liebesgeschichte, die einstmals die Ausnahme bildete, ist heute zur Regel geworden, nicht mehr mißbilligt, sondern nahezu obligatorisch. Braut und Bräutigam haben normalerweise wahnsinnig verliebt zu sein, und man ist ziemlich schockiert, wenn sie privatim eingestehen, daß für ihren Bund andere Motive entscheidend waren. Noch dazu soll die Romantik, die durch das Hochzeitszeremoniell vergoldet wurde, ein ganzes Leben lang vorhalten. Es gehört zu der Konvention des Romans wie des Märchens, von Braut und Bräutigam sagen zu können: »Und lebten allzeit glücklich und in Freuden ...«

Auf derselben Annahme basiert das Schlußbild des Films; und ebenso auf dem Bildschirm, wenn der Film im Fernsehen wiederholt wird. Jener letzte, ausgedehnte Kuß ist die Lösung, nicht der Beginn eines Problems; das Ende, nicht der Anfang der Erzählung ...

Die Schwäche dieser Theorie ist allzu deutlich. Wenn wir so viel von der Ehe verlangen und wenn wir uns darauf verlassen, daß Romantik ihr Dauer verleiht, so setzen wir uns allzu sehr den Rückschlägen eines übertriebenen Optimismus' aus. Wer sich in der Roman- und Schauspielliteratur auskennt, hat eine lebhafte Vorstellung von der ekstatischen Stimmung, in der eine Ehe zu beginnen hat. Der Antrag sollte bei Sonnenaufgang auf einem Berggipfel stattfinden oder, wenn möglich, auf einem mondbeschienenen Schiffsdeck unter tropischem Himmel. Die Hochzeitsreise sollte ein Glückstaumel nach Las Vegas oder Venedig sein, das erste gemeinsame Heim ein entzückendes Cottage in den Cotswolds (England) oder in Vermont (USA). Aber auf solcher Ebene läßt sich Romantik schwerlich fünfzig Jahre lang aufrechterhalten. Sie kann natürlich wiederentdeckt werden, jedoch selten mit der gleichen Person. In diesem Punkt steht die Romantik von Anfang an auf schwachen Füßen. Nach der Theorie, daß Liebe alles ist, muß der Held den prosaischen Vorschlag einer Ehe mit Lady Dorothea oder ihrem modernen Äquivalent, der Tochter des Gene-

raldirektors, voller Verachtung ablehnen. Statt dessen muß er seine Liebe zu Dolores, der schönen Zigeunerin, verkünden, deren kriminelle Eltern im verkommensten Winkel des Flohmarkts hausen. Seine Eltern sind dagegen. Sein ältester Bruder betont konkret die Nachteile. Der Generaldirektor sagt, daß ihm eine solche Heirat im Büro sehr schaden würde. Der Präsident des Rotary-Clubs erinnert ihn daran, daß noch andere Bewerbungen außer der seinen eingegangen sind. Verwandte, Kollegen und ehemalige Mitschüler lassen es nicht an Andeutungen fehlen. Die ganze Welt ist gegen ihn: und genau das ist die Situation, in der sich das wahre Heldentum offenbart. »Ich liebe sie«, erklärt er schlicht, und die Heirat findet statt. Sieben Jahre später findet er Dolores sterbenslangweilig und verliebt sich in Olga. Alle seine Geschäftspartner sind entsetzt bei dem Gedanken an eine Scheidung, alle Verwandten haben Dolores inzwischen akzeptiert (die unterdessen Zwillinge bekommen hat), und jeder findet, daß es von ihm sowohl verbrecherisch wie dumm wäre, seine Familie zu verlassen. »Ich liebe sie«, wiederholt er, allerdings in einem anderen Zusammenhang, und bald ist er neu verheiratet. Der Gedanke, daß Liebe alles ist, mochte wohl die erste Ehe rechtfertigen, aber sie kann auch die Scheidung – und jede weitere Scheidung – rechtfertigen. Es erhebt sich die Frage, ob eine so prekäre Beziehung überhaupt eine Ehe ist.
Nunmehr ist die Erwähnung Hollywoods unvermeidlich geworden, denn die Götter der Filmleinwand, die soviel zur Etablierung des romantischen Ideals beitrugen, haben ungefähr ebensoviel dazu beigetragen, seine Unbeständigkeit zu beweisen. Jede Filmschlußszene mit Color-Sonnenuntergang und Sphärengesang ist der Tribut an eine Sache, die bei den Idolen der Leinwand mehr Theorie als Praxis ist. Von hier bis in alle Ewigkeit sind es etwa zwei Jahre, und bald schon setzt sich die Vorstellung durch, daß die Moral von Hollywood entschieden äußerst lax sein muß. In Wirklichkeit ist es natürlich völlig anders. Der Filmstar ist in erster Linie an seinen Beruf gekettet, nachdem er sich durch sture Ausdauer eine gewisse Position in der denkbar schwierigsten und langweiligsten Karriere erobert hat. Eine Ehe im üblichen Sinn kommt natürlich nicht in Frage, da sie mit dem Zeitaufwand, den Publicity und Arbeit erfordern, unvereinbar wäre. Junggesellin oder Junggeselle zu sein, geht ebenfalls nicht, weil die Öffentlichkeit ein anderes Image verlangt. Daher ist es wesentlich, verheiratet zu sein und auch bequem für etwaige anderweitige Komplikationen. Aber viel mehr bedeuten solche Ehen nicht, und mehr

war auch gar nicht beabsichtigt. Denn wenn zwei Filmstars heiraten, sind die Chancen, daß sie sich zu irgendeinem Zeitpunkt am gleichen Ort befinden, äußerst gering. Eine Ehe in diesem Sinne ist etwas, das die Öffentlichkeit im allgemeinen nur schwer begreifen würde. Hingegen erkennt sie, daß die Romantik der Bühne nicht gleichbedeutend mit Dauerhaftigkeit ist. Die Theorie der Treue, die das Schlußbild des Films andeutet, wird sofort durch die Zeitungsberichte über die tatsächliche Lebensweise der Schauspieler Lügen gestraft. Das Hauptbindemittel einer Ehe, Romantik, das alle bisherigen Konventionen ersetzen muß, erweist sich als unzulänglich.

Romantik wäre attraktiv, wäre sie weniger kommerzialisiert; die moderne Verkaufstechnik führt dazu, die Menschen in immer jüngeren Jahren bereits zur Ehe zu zwingen. Die Erregung, die das Jaulen und Stampfen der *Gruppe* auf dem Tanzboden erzielt, kulminiert leicht in jener Art von Spontan-Ehe, für die Las Vegas berühmt ist. Dort gehören Hochzeitskapelle, Juweliere, Blumenhändler und Autobahn-Hotel zu einem Pauschal-Angebot, das womöglich auch einen Swimming-pool mit einschließt. Solche Ehen, in extrem jungen Jahren geschlossen, sind nichts Ungewöhnliches und werden sogar mit der Begründung verteidigt, daß sich die Unreifen leichter einander anpassen als bereits fertige Charaktere. Der oder zumindest ein Einwand dagegen ist, daß die Ehe von Jugendlichen so lange dauern muß (wenn sie überhaupt dauert). Die ursprüngliche Begeisterung, der romantische Impuls muß fünfzig Jahre lang aufrechterhalten werden. Vermag ein Gefühl so lange anzuhalten? Bei Menschen von Charakter und Intelligenz sollte der Mann mit dreißig ein Mädchen von zweiundzwanzig heiraten. Die Aussichten einer Ehe verbessern sich, wenn ihr nicht das ganze Leben gewidmet wird. Das trifft ebenso zu für die Jahre der Ehe wie für das tägliche Leben. Eine später geschlossene Ehe erlaubt es den Menschen, ausgeprägte Interessen zu entwickeln, etwa für Ornithologie oder Mexiko, Lyrik oder Schach. Mit solchen eigenen Passionen verlangt man weniger vom anderen. Trotz größerer Unabhängigkeit hat jeder mehr zu geben. Das ist eine hoffnungsvollere Situation, als wenn jeder vom anderen etwas verlangt, was keiner von beiden je besessen hat.

Ist eine spätere Heirat überhaupt noch möglich? Man muß zugeben, daß sich mächtige kommerzielle Kräfte dagegen wehren. Romantische Literatur und Musik tun sich mit Schauspiel und Tanz zusammen, um das dringende Bedürfnis für sexuelles Ausleben zu suggerieren. Die Moral tritt hinzu, um sexueller Betätigung unter Unverheirateten entgegenzuwirken. Und eine Flut von geschickten Werbetexten hat die Aufgabe, zu beweisen, daß eine frühe Heirat womöglich finanziell und gesellschaftlich wünschenswert, in emotioneller Hinsicht attraktiv und unbestreitbar weise ist. Gewisse Einrichtungsfirmen haben es gern mit jugendlichen, unwissenden und gefühlsbetonten Kunden zu tun. Über jedem Verkaufsprogramm, jeder Großanzeige prangt der Werbeschrei für legitime Sexualität. Liebe ist Trumpf, das geben die Annoncierenden zu, aber freie Liebe ist schlecht fürs Geschäft. Sogar vom Standpunkt des Hoteliers aus ist eine Hochzeitsreise besser als ein Wochenende ohne Trauschein. Aber am allerbesten ist das Geschäft, das durch Ehen und Kinder entsteht, aus den höher verzinslichen Darlehn unter der Maske des Abzahlungskaufs, dem Handel mit Grundstücken und den Wochenrechnungen für Lebensmittel und Medikamente, für Windeln und Puppen. Zwar gibt es Zeitschriften für den Junggesellen oder solche, die sich dafür halten, damit sie einen Vorwand haben, diese Zeitschriften zu lesen, aber die größeren kommerziellen Imperien haben ein verbrieftes Recht an der Moral. Las Vegas gilt vielleicht nicht als der puritanischste Ort der Welt, statistisch gesehen dürfte er aber zu den frommsten gehören. Der Zusammenhang zwischen Moral und Geschäft ist keine Theorie, sondern eine Tatsache.

Der Begriff der Romantik kann übertrieben werden; und wir sollten noch argwöhnischer sein, wenn wir erkennen, daß er eine Ware ist, aus der andere Nutzen ziehen wollen. Deshalb sollten wir, wenn wir eine Ehe planen, uns mit den Faktoren von Alter, Gesundheit, Familie, Abstammung, Herkunft und Umwelt, Manieren, Ausbildung und Verstand beschäftigen. Zum Schluß bleibt jedoch der Begriff der Liebe. Noch dazu lernen wir aus der Belletristik, daß es einen Vorgang des Verliebtseins gibt, der sich von jeder anderen Beziehung unterscheidet. Das ist ein Irrtum, aber Liebe ist dennoch sehr wichtig. Das praktische Problem besteht jedoch darin, zu entscheiden, welcher Grad von Liebe notwendig ist, und ob sie überhaupt besteht. »Ich liebe Mike«, sagt ein Mädchen, »aber bin ich in ihn *verliebt*?« Wenn es ein verhältnismäßig warmherziges Geschöpf ist, wird es im Laufe der Zeit ihre Eltern, ihre jüngeren Schwestern, ihren Onkel Peter und eine Reihe von Schulkameradinnen geliebt haben, ganz abgesehen von ihrem Pudel, zwei Ponies, mehreren Kätzchen und einer Schildkröte. Aus ihrer Romanlektüre schließt sie, daß ihre Liebe zu Mike jene übertreffen, daß ihr emotionales Getriebe automatisch in einen höheren Gang umschalten müßte. Mit Ungeduld auf einen solchen

Schaltwechsel zu warten, wäre ein Fehler. Es gibt keine solche scharfe Trennung zwischen Liebe, die am Dienstag abend empfunden wurde, und einem etwaigen *Verliebtsein* am Mittwoch morgen. Es gibt nur eine einzige Art von Liebe, aber ihre Intensität verändert sich und erreicht gelegentlich ihren Höhepunkt, wenn es zu einem Liebesverhältnis kommt. Ein solches Verhältnis setzt das Zusammentreffen zweier verschiedener Gefühle voraus. Eines davon ist die Liebe – allerdings etwas gesteigert –, wie sie für den Pudel oder die Schulkameradin empfunden wurde. Das andere ist ein physisches Verlangen, wie man es für einen völlig Fremden zu empfinden vermag. Die physische Seite bildet kein Problem, da das Vorhandensein oder Fehlen des Gefühls offenbar ist. Aber Liebe ist eine Sache von Graden, und Menschen haben keine Möglichkeit, festzustellen, wann ihr Siedepunkt erreicht ist. Wieviel, fragen sie sich, genügt?

Liebe ist jedoch weit meßbarer, als viele von uns wissen. Sie kann nach dem Maßstab menschlicher Unzulänglichkeit gemessen werden. Angenommen etwa, das kritische Auge eines jungen Mannes vergleicht stets jedes Mädchen, das er kennenlernt, mit einem Ideal seiner Phantasie, einer Traumgöttin, prosaisch X. benannt. Er empfindet eine gewisse Zuneigung für ein Dutzend Mädchen, ist sich aber fast in jedem Fall bei ihnen eines Makels bewußt, der zu beheben oder auch nicht zu beheben wäre. Adèle ist hübsch, aber zu groß; Betty ist witzig, aber zu dick; Carola hat eine wunderschöne Figur, aber eine unangenehme Stimme; Diana ist ein Schatz, aber ihr Teint ist entsetzlich; Ethel ist gescheit, zieht sich aber miserabel an; Francis ist schön, aber träge; Georgina ist beliebt, aber boshaft; Helen ist attraktiv, aber schüchtern. Der kritische junge Mann mag sich nachdenklich fragen, welche von ihnen wohl bereit wäre, X. am nächsten zu kommen? Würde Betty sich auf eine Hungerkur einlassen? Würde Carola sich zu einer Korrektur ihrer Stimme verstehen? Könnte man Diana zu einer Rohkostkur bewegen oder Georgina zu einem Kursus in Sozialkunde? Die Antwort heißt, daß sie in jedem Fall nicht an X. heranreichen würden. Genauer gesagt: Unser junger Mann liebt keines der Mädchen genügend. Warum? Weil er keine genügend lieben kann, solange er sich ihrer Fehler bewußt ist.

Kehren wir, vergleichsweise, zu der Traumfigur X. zurück. Sie hat glattes goldenes Haar, blaue Augen ohne Falsch, eine weiße Haut und eine vollkommene Gestalt. Sie ist intelligent und amüsant, rücksichtsvoll und freundlich, sportlich und gutmütig. Jedes Mädchen, das er kennenlernt, läßt sich, so oder so, nicht mit X. vergleichen. Dann kommt der Tag, an dem er Margaret vorgestellt wird: einem brünetten Mädchen mit gelocktem Haar, grauen Augen, bräunlichem Teint, verhältnismäßig klein, eher nachdenklich als gesprächig, eher beobachtend als heiter. Er findet Margaret wunderbar und sagt das seiner Schwester. »Aber Margaret hat doch Sommersprossen, die du nie ausstehen konntest!« – »Ja, ich weiß, und seitdem ich sie kennengelernt habe, tun mir alle Mädchen *ohne* Sommersprossen leid.« Nachdem er zu diesem Schluß gekommen ist, weiß er, daß er Margaret genügend liebt, um sie zu heiraten. Die Sache ist die, daß er sie liebt, wie sie ist, und nicht etwa, wie sie vielleicht gewesen oder geworden wäre. Noch wichtiger ist, daß sie die imaginäre Göttin X. ersetzt hat. Während er Betty ablehnte, weil sie nicht schlank genug war, und Georgina, weil sie nicht freundlich genug war, macht er jetzt Margaret zu dem Maßstab, an dem er alle anderen Mädchen mißt. Verglichen mit Margaret ist Adèle erst recht zu groß, Betty noch fülliger, Carola noch lauter, Diana zu pickelig, Ethel zu spießig und Francis todlangweilig. Aber abgesehen von allen Vergleichen hat kein anderes Mädchen Margarets ziemlich barsche Stimme, eine solche Beobachtungsgabe, kein anderes Mädchen so schöne Hände. Im Gegensatz zu X. ist Margaret in keinster Weise eine Göttin. Ihre Vorzüge sind völlig unerwartet, angefangen mit ihrem mitfühlenden Schweigen bis zu ihrem plötzlichen, strahlenden Lächeln. Margarets großer Vorzug besteht darin, daß sie Margaret ist, und der junge Mann liebt sie, genau wie sie ist, inklusive der Sommersprossen. Bei einer solchen totalen Akzeptierung plus der Komponente physischer Begierde darf man sagen, daß der junge Mann verliebt ist. Empfindet Margaret dasselbe? Wer kann das wissen? Aber nehmen wir an, daß die beiden heiraten. Das ist der Punkt, an dem der Roman endet. In einem weit realeren Sinn ist es der Punkt, an welchem das eigentliche Problem erst beginnt.

Ehe

Eine romantische Ehe ist eine Ehe zwischen zwei Menschen, die seit eh und je füreinander bestimmt waren. Alle Hindernisse wurden beiseite gefegt, weil das Paar ideal zusammenpaßt und keiner von beiden mit einem anderen hätte glücklich werden können. Ehen werden, so sagte man früher, im Himmel geschlossen; eine jede ist demnach die Folge einer Art von Gipfeltreffen; man könnte sich vorstellen, daß eine Gruppe hochqualifizierter Engel mit Hilfe einer kosmischen Kartei beschließt, daß ein junger Mann aus Seattle nur mit einem gewissen jungen Mädchen glücklich würde. Die Vorsehung könnte es dann einrichten, daß beide bei derselben Reiseagentur eine Busfahrt durch Jugoslawien buchen. Sie treffen sich in Triest, essen und tanzen zusammen in Dubrovnik und verkünden ihre Verlobung in Gatwick. Romanzen, die sich aus solchen anscheinend zufälligen Begegnungen im Escorial oder in Barcelona ergeben, ließen sich als die Folge himmlischer Mittlerschaft ansehen. Es scheint schließlich mehr als ein Zufall, daß ihre Plätze im Flugzeug nebeneinander liegen! Jedoch wäre eine solche Theorie überzeugender, wenn die Mehrzahl aller Romanzen mit solchen Umständen zusammenhingen. Denn im allgemeinen verläuft die Sache viel normaler. Der Jüngling trifft das Mädchen auf einem Gymnasium, wo er eine Auswahl von – sagen wir – fünfzehn hat. Oder das Mädchen trifft den Jüngling in einem benachbarten Vorstadt-Wohnblock, wo vier Jünglinge in Frage kommen, von denen einer allerdings homosexuell ist. Junger Mann trifft junge Dame auf der Universität, wo sechsundvierzig junge Damen zur Verfügung stehen. Stenotypistin trifft jungen leitenden Angestellten im Büro, wo nicht mehr als zwei unverheiratete Männer vorhanden sind. Durch eine verhältnismäßig einfache Rechnung stellen wir fest, daß die erschöpfenden Möglichkeiten für eine bestimmte Person etwa einundfünfzig oder achtundsiebzig betragen. Demnach beruht die angeblich im Himmel geschlossene Ehe auf einer kurzen, auf Erden erstellten Liste. So daß die Erzengel, statt in einem unbegrenzten himmlischen Archiv Karteikarten durchzublättern, in Wirklichkeit nur eine Handvoll Alternativen haben, die vielleicht alle aus derselben Quadratmeile bezogen werden. Mag auch einigen Mädchen eine größere Auswahl an jungen Männern zur Verfügung stehen, so ist sie für andere bestimmt geringer. Somit hatten in den meisten Fällen die Engel eine relativ leichte Aufgabe und eine, die überhaupt am besten dem Mädchen selbst überlassen bliebe.

Die Ehe, die im Himmel geschlossen wird, ist etwas überholt. Ihr modernes Äquivalent ist die Ehe, die der Computer schließt. Für eine Million Junggesellen und Junggesellinnen ist es theoretisch möglich, die Maschine mit den genauesten Einzelheiten dessen zu füttern, was sie zu bieten haben und was sie suchen. Sie erhalten die Antwort, daß M/7345162 der ideale Gatte für F/98836494 zu sein scheint und sie die ideale Gattin für ihn. Das ist tatsächlich gemacht worden, aber nicht in so breitem Umfang, daß sich die Methode als schlüssig erwiesen hätte. Bei einer genügenden Anzahl eingetragener Ehekandidaten bietet der Computer sicherlich einen wissenschaftlichen Zugang zu dem Problem. Ob er aber die endgültige Lösung bringt, ist freilich eine andere Frage. Der Zweifel richtet sich in erster Linie gegen die Genauigkeit der dem Computer eingegebenen Daten. Die Anfangsfragen in dem Bewerbungsformular mögen durchaus korrekt beantwortet sein, da die Menschen hinsichtlich Größe, Hautfarbe, Religion, Bildung und Einkommen verhältnismäßig ehrlich Auskunft geben und vielleicht nur ein bißchen ungenauer über ihr Alter. Und von da an dürfte das Selbstbildnis nicht mehr ganz stimmen. »Sind Sie ein Langweiler?« ist eine entscheidende Frage, aber wie viele Langweiler werden sie bejahen? »Sind Sie freigebig?« wäre ebenfalls eine berechtigte Frage, aber wie viele Geizhälse würden sie verneinen? Wer gibt schon zu, streitsüchtig, unbeliebt, faul und ungewaschen zu sein? Das komme daher (würden sie erklären), weil ihre Nachbarn und Kollegen ihnen feindlich gesinnt seien, ihre Arbeitgeber zu viel verlangen und ihr Waschwasser nicht warm genug sei. Wiederum würden sich nur die wenigsten als snobistisch, eigensinnig, selbstsüchtig und uninteressant bezeichnen, aber alles das sind geläufige Ausdrücke, die sich auf irgend jemand beziehen müssen. Am allerwenigsten aber wird jemand zugeben, daß er humorlos ist. Ganz im Gegenteil! Die ödesten Leute haben Verständnis für die Komik der Dinge, leben aber leider in einer Welt, in der nie etwas Komisches gesagt oder getan wird. Darum gibt es Gründe, zu bezweifeln, daß der Computer mit den richtigen Daten versehen wird.

Wer sich selber nicht genau kennt, vermag auch seine Wünsche nicht exakt zu definieren. Herren lieben Blondinen, heiraten aber Brünette, wurde einmal gesagt; und ganz bestimmt entsprechen die Mädchen, die von jenen Herren geheiratet werden, nur in den seltensten Fällen ihrem ursprünglichen Ideal. Der junge Mann, der von einer Ehe mit einem großen, schlanken, dreiundzwanzigjährigen Rotkopf träumt, die sportliche Interessen, Sprachtalent und

Musikbegabung hat, eine Baptistin und Republikanerin skandinavischer Abstammung und neuenglischer Erziehung ist, heiratet schließlich eine kleine, flachbrüstige gelehrte Brünette, die sich für Astronomie und Aquarellmalerei interessiert, eine Demokratin italienischer Herkunft ist und in Neu-Mexiko aufwuchs. Und dieser Sinneswechsel ist nicht etwa die Folge der Erkenntnis, daß Rotköpfe für einen Menschen in der Einkommensstufe des Betreffenden nicht greifbar sind. Ganz und gar nicht! Der Rotkopf war durchaus vorhanden, hatte aber ein unmögliches, irritierendes Lachen. Mit anderen Worten, der Computer hätte das Verlangte durchaus vermitteln können, nicht aber das Gewünschte, so daß sich Zweifel erheben, ob das Angestrebte überhaupt möglich ist. Nur selten wissen Männer, was sie tatsächlich anzieht. Ein Mann verliebt sich in A (die ihn ablehnt), sprengt um ein Haar die Ehe von B (die bereits verheiratet ist), erlebt eine leidenschaftliche Affäre mit C und heiratet schließlich D. Rückblickend überlegt er vielleicht, daß sämtliche Frauen einander völlig unähnlich waren – zumindest physisch – und daß es für ihn wohl nur auf die Persönlichkeit ankommt. Es mag einem Freund überlassen bleiben, ihn darauf hinzuweisen, daß diese gänzlich verschiedenen vier Frauen samt und sonders eine Stupsnase hatten. Erst dann begreift er – viel, viel später –, daß er ein Mädchen mit anders geformter Nase nie hätte lieben können. Die Tatsache, daß sein Freund nachträglich bei A, B, C und D etwas Gemeinsames feststellen konnte, nützte ihm, ehe A auf dem Plan erschien, überhaupt nichts.
So dürfte sich, so bestechend die Computer-Werbung in der Theorie sein mag, diese schwerlich auf die Praxis unseres wirklichen Lebens anwenden lassen; und der Gedanke, daß zwei Menschen füreinander bestimmt wären und keiner von beiden einen anderen hätte heiraten können, ist selbstverständlich ein Trugschluß. Immerhin könnte man annehmen, daß der Glaube an eine im Himmel getroffene Wahl verhältnismäßig harmlos wäre. In Wirklichkeit jedoch ist dieser Gedanke äußerst gefährlich. Angenommen, ein Mädchen heiratet in dem Glauben, daß Mike der einzige Mensch in der ganzen Welt war, den sie je hätte ehelichen können (statt daß er nur der Beste von dreien war, die tatsächlich um sie anhielten), kann sich früher oder später der Verdacht bei ihr einstellen, daß die Sache auf einem bürotechnischen Irrtum beruhe. Bei diesen Millionen von Lochkarten wäre das nur allzuleicht möglich gewesen. Wie, wenn zwei Karten zusammengeklebt hätten? Wie, wenn die für sie geplante Ehe mit dem dreiundzwanzigjährigen Sorenson, Michael H., irrtümlich zu ihrer – ganz ungeeigneten –

Ehe mit dem einunddreißigjährigen Sorenson, Michael H., geführt hätte? So etwas kann in den bestorganisierten Betrieben vorkommen. Die Folge davon ist, daß die Frau sich fragt: »Ist das die richtige Ehe? Wird sie funktionieren?« Aber so betrachtet, wird keine Ehe funktionieren. Die Frage, die sie sich stellen sollte, lautet: »Wie kann ich sie erfolgreich gestalten?« Denn gelingen muß sie, und die einzige Frage heißt: »Wie?«

Die Ehe ist ein gemeinsames Konto, auf welches beide Partner einzahlen müssen, um ihren Bestand zu garantieren. Der Bestand hängt von der gegebenen Schwierigkeit der Aufgabe ab, von den beiderseitigen Anstrengungen und der Fähigkeit, sich einander mitzuteilen. Die Hauptschwierigkeit liegt in der Zeit, die sie zusammen, und zwar ohne andere Anwesende verbringen. Sie verringert sich natürlich, wenn breitere Interessen, Verbindungen, Kontakte und Freunde vorhanden sind. Sie verringert sich jedoch ebenso, wenn sich die Betreffenden weiterentwickeln. Am wenigsten langweilen sich Menschen miteinander, deren Interessen sich ausdehnen und wechseln. Erfolgreich sind solche, die für ihren Beitrag zum gemeinsamen Konto über Reserven von Selbstlosigkeit, Phantasie, Geduld und Humor verfügen. Den größten Erfolg verzeichnen diejenigen, die der ersten Liebe eine neue Dimension hinzuzufügen vermögen und die rauhe Wirklichkeit mit einem Schimmer von Abenteuer und Romantik vergolden. Aber was am meisten vernachlässigt wird, ist die Kunst der Kommunikation. Wir drücken uns mit Worten (geschriebenen oder gesprochenen), mit Gesten und zuweilen auch durch Schweigen aus. Angenommen, unsere Motive sind löblich (wie wir selber wissen), so können wir trotzdem eine Krise herbeiführen, indem wir uns falsch ausdrücken oder gar das Gegenteil von dem sagen, was wir meinen. Deshalb verdient die Frage der Kommunikation weit mehr Beachtung, als ihr gemeinhin zuteil wird.

Wir müssen von vornherein erkennen, daß unser Ausdrucksvermögen sich in zwei verschiedenen Formen bewegt: der Form, die uns angeboren ist, und der Form, die wir (möglicherweise) gelernt haben. Von Kindheit an haben wir den Drang dazu, unseren Gefühlen Ausdruck zu geben. Das Weinen des Säuglings braucht keine besondere Absicht auszudrücken, sondern lediglich ein allgemeines Unbehagen. Ein Kindergarten-Erlebnis wird zusammenhanglos herausgesprudelt, nicht um zu informieren, sondern nur, damit sich das Gemüt von seinem Inhalt befreit. Das Fluchen des Mannes, dem der Hammer aus der Hand fällt, hat lediglich den Zweck, seine Gereiztheit auszudrücken. Das Geplauder der Frau am Telefon will nichts anderes als ihre gegenwärtige Einsamkeit mildern. Das Gemüt birst oft vor Enttäuschung, Klatsch, Neid oder Freude. Irgendein Ventil muß gefunden werden, und so sprechen Leute oft immer noch lieber mit ihrem Hund, als daß sie schweigen. So zielt ein Gespräch in erster Linie und ganz primitiv darauf ab, irgendeine Emotion auszudrücken, die wir nicht länger bei uns behalten können. Daher ist die Welt voll von Menschen, die aus keinem anderen Grunde sprechen, ihre Rede mit Gesten unterstreichen und Erleichterung empfinden, wenn sie sich mitgeteilt haben. Solche gefühlsbetonten Ergüsse infolge emotionalen Drucks wollen weder erklären noch belehren, anleiten oder gefallen. Während der Sprecher sich äußert, denkt er lediglich an sich. Der einzige Eindruck, den er vermittelt, ist ein Gefühl seiner Schwäche unter einem bestimmten Druck. Ob er andere zu beherrschen vermag, ist fraglich, denn sich selbst kann er entschieden nicht beherrschen.

Etwa vom fünften Lebensjahr an lernen einige von uns eine andere Art von Kommunikation. Da fangen wir an, die Sprache dazu zu benutzen, um etwas Bestimmtes mitzuteilen. Wir verfolgen eine ganz bestimmte Absicht. Nach Definierung dieser Absicht müssen wir mit aller Kraft unsere Phantasie einsetzen.

Während wir uns in die angesprochene Person hineindenken, müssen wir entscheiden, mit welchen Worten das angestrebte Ziel zu erreichen ist. Was glaubt oder weiß der andere bereits? Wie kann man ihn informieren, beeindrucken oder beeinflussen? Nachdem wir mit dem Empfänger der Mitteilung begonnen haben, kommen wir auf das angestrebte Ziel zurück. Form, Einzelheiten, Nachdruck und Ton der Mitteilung spiegeln unsere Absicht wieder, nicht aber unsere übliche Stimmung. Alles, was wir sagen, ist überlegt, gemessen und ruhig. Ist es das wirklich? In der Praxis ergibt sich eine Mischung, da unsere Rede größtenteils zweckbedingt ist, aber einiges davon noch immer spontan. Außerdem können die Ansichten über die Frage, die zur Diskussion steht, auseinandergehen. Die ersten Quäker sollen, bevor sie einen Satz äußerten, sich gefragt haben: »Ist es wahr? Ist es freundlich? Ist es notwendig?« Wenn sie den geringsten Zweifel hegten, änderten sie ihre Meinung und sagten gar nichts. Das ist, was wir – in Grenzen – alle tun, aber einige rebellieren gegen die Konventionen und wenden ein, daß kindliche Spontaneität einer ewigen Heuchelei vorzuziehen sei. Warum sagen wir nicht frei heraus, was wir denken und empfinden? Warum dürfen wir nicht ehrlich sein und alles aussprechen, was uns in den Sinn kommt?

Die Antwort heißt: Weil wir nicht gut genug sind. Wären alle unsere Gedanken menschenfreundlich, gütig, intelligent und rein, brauchten wir uns nicht zu scheuen, sie auszudrücken. Sicherlich gibt es Leute von heiligmäßigem Charakter und kindlicher Unschuld, deren Gedanken jedermann teilen dürfte. Aber nur wenige von uns entsprechen dieser Vorstellung. Unsere unvorsichtigen Bemerkungen wären, äußerten wir sie, egoistisch, unbarmherzig, respektlos, unpassend oder hart. Daher haben wir gelernt, unsere primären Reaktionen zu unterdrücken und sie durch andere, wie wir wissen: genehmere, zu ersetzen. Statt zu sagen, was wir denken, sagen wir das, wovon wir annehmen, daß es zweckdienlich sei. Wir passen unser Verhalten dem Verhalten der Älteren oder Jüngeren an, die wir unterrichten oder denen wir gehorchen müssen. In beiläufigen Gesprächen bemühen wir uns, zu unterhalten oder zu beeindrucken, zu gefallen oder zu amüsieren. Es wird immer Leute geben, die darauf brennen, das zu sagen, was sie bewegt, ohne Rücksicht auf die Wirkung, die das haben könnte, aber diese gelten im allgemeinen als Langweiler. Die zivilisierte Gesellschaft bewegt sich in gezielter Richtung und weg von der Spontaneität. Die einzige scheinbare Ausnahme findet sich bei Menschen, deren Kunst im Umgang mit anderen natürlich wirkt. Sie spielen ihre Rolle vollkommen glaubwürdig, nicht etwa, weil sie zur Spontaneität zurückgekehrt sind, sondern weil sie sich die Kunst der Höflichkeit zur zweiten Natur gemacht haben. Die Hauptfigur in Max Beerbohms *Seliger Heuchler* trägt die Maske eines Heiligen, wird aber am Ende zu einem Heiligen. Das dürfte nur wenigen von uns widerfahren sein, aber indem wir uns besser machen, werden wir zugleich auch ein bißchen heiliger. Zumindest in gewisser Hinsicht wird die Verstellung schließlich zur Tatsache. Da unser Spiel der Heuchelei nicht ganz mühelos ist, möchten wir glauben, daß die Ehe eine gewisse Entspannung mit sich bringt. Unser Partner wird uns so nahestehen, daß wir meinen, wenigstens privatim zur Kindheit zurückkehren und uns zwanglos gehenlassen zu können. In gewisser Hinsicht mag das wohl zutreffen, aber im großen und ganzen ist es falsch. Ein Zusammenleben beruht vor allem auf Höflichkeit. Die Zuneigung, die wir für andere empfinden, sollte unsere Höflichkeit mehr als steigern, sie aber keinesfalls beeinträchtigen. Güte und Freundlichkeit sind mehr als Höflichkeit, sie dürften nicht weniger sein. Und das ist um so wichtiger, wenn wir Kinder haben, denn ihre Vorstellung von Höflichkeit entspringt im wesentlichen dem Vorbild. Die Höflichkeit, die wir anderen entgegenbringen, ist ein Spiegel unserer häuslichen Erfahrung. Es gibt keine irrigere Annahme, als zu meinen, daß die Ehe uns von der Höflichkeit entbindet. Sie tut eher das Gegenteil, indem sie zuweilen einen höheren Grad von Höflichkeit fordert, als wir unter Umständen zu geben bereit sind. Ein Theaterstück wie *Wer hat Angst vor Virginia Woolf?* zeigt uns das erschreckende Bild einer scheinbar zerrütteten Ehe. Zum Schluß erkennen wir, daß die Ehe bestehen bleiben wird, aber unter Kummer und Schmerzen der beiden Hauptfiguren, wie auch ihrer Freunde und Nachbarn. Die Situation ist nicht ungewöhnlich. Aber (hoffentlich) ungewöhnlich sind die schlechten Manieren der Betreffenden. Manchmal drängt sich uns die Überlegung auf, daß das, was Menschen denken, vielleicht weniger wichtig ist, als was sie sagen.

Zum Thema Höflichkeit hat es immer zwei Auffassungen gegeben, eine, die mit einem mehr oder weniger vergotteten Monarchen zusammenhängt, die andere, die auf der republikanischen Tradition der Antike beruht. In einer gesellschaftlichen Hierarchie sind die Formen der Höflichkeit vielfältig, differenziert und wandelbar. Die Fragen des Vorrangs sind so dominierend, daß jede spontane Reaktion durch die geistige Bemühung verlorengeht. Vom byzantinischen Hof sind uns Titel wie »Euer Exzellenz« überkommen sowie die Anredeformen, die beispielsweise in Schweden noch heute erhalten sind, wo Bekannte sich mit »Herr Hauptbuchhalter A« oder »Frau Unter-Stationsvorsteher B« anreden. So muß auch der Gebrauch der dritten Person bei Beantwortung einer Einladung das ursprüngliche Gefühl in grammatikalischen Schwierigkeiten ersticken. Im achtzehnten Jahrhundert, wo sogar der unbeabsichtigte Formfehler zu einem Duell führen konnte, war die Anstrengung, einen solchen zu vermeiden, verständlich und verzeihlich. Die Tradition besteht immer noch im britischen Parlament, wo sich die Mitglieder umschreibend aufeinander beziehen müssen, und sich falsch benehmen, wenn sie sich irren. »Würde der Ehrenwerte – nein, ich meine, der Sehr Ehrenwerte – und Edle – nein, Gelehrte Abgeordnete für Sheffield West – ich hätte sagen müssen, Sheffield South – sich bereit erklären, die Bemerkung, die er soeben über die Schatzkanzlei gemacht hat, zu widerrufen?« Bis man die richtige Form gefunden hat, ist die Beleidigung bereits vergessen. Auf diese Weise haben Protokollfragen ihren Wert, so daß vielleicht solche des Hofs Ludwigs XIV. in gemäßigter Form in die Konventionen des viktorianischen Britanniens und der USA gemündet sind. Am seltsamsten war, vom modernen Standpunkt betrachtet, die Sitte, daß Ehemänner ihre Frauen mit »Madam«

anredeten und Frauen ihre Männer mit »Mr. Robinson« oder »Mr. Smith«. Die entgegengesetzte oder republikanische Tradition hat sich oft auf die Form ausgewirkt, in der Männer einander anredeten, und es hat immer Leute gegeben, die Höflichkeit als eine Form von Unaufrichtigkeit ansehen. Es sei ehrlicher, finden sie, zu sagen, was man denkt, als sich in sinnlosen, angelernten Phrasen zu ergehen. Es ist jedoch zu überlegen, ob nicht im Zorn geäußerte Worte genauso irreführend sind wie die Höflichkeit, die wir anwenden, um offenen Streit zu vermeiden. Wo man die Wahl hat, seinen momentanen Gefühlen freien Lauf zu lassen oder zu sagen, was unseren Zwecken dient, ist die zweite Alternative gewöhnlich die bessere. Die Wirkung mag weniger dramatisch sein, ist aber (bestimmt) sowohl zivilisiert wie vernünftig.

Hinter den Formen der Höflichkeit steckt das fundamentalere Problem, wer führen und wer folgen soll. Zu dieser Frage gehören drei Charakteristika der Menschheit, die sich bis in ihre graue Vorzeit zurückverfolgen lassen: der Mensch ist in erster Linie ein Fleischfresser, da ein Teil seiner Nahrung seit eh und je in Fallen erbeutet, gefischt oder geschossen wurde. Der Mensch ist in zweiter Linie gesellig, an ein großes Familien- oder Stammesleben gewöhnt. Und zuletzt sind die Jungen der menschlichen Gattung (die im allgemeinen einzeln und nicht im Wurf zur Welt kommen), im Vergleich zu den Tieren, ungewöhnlich lange hilflos, reifen langsam und verlangen bis zum zwanzigsten Lebensjahr Schutz und Fürsorge. Bei Fleischfressern mit langsam heranreifenden Jungen muß zwischen den Funktionen der Geschlechter ein Unterschied bestehen. Da die Jungen ernährt und gehegt, beschützt und unterrichtet werden müssen, bleiben die aktiveren Fähigkeiten den Männchen überlassen. Deshalb haben sich die Männer, zumindest als Jäger, stets den Frauen überlegen gefühlt. Aber sie haben auch von vornherein eingesehen, daß das Überleben der Familie darauf beruht, die Frauen und Kinder vor Gefahren zu bewahren. Wenn Männer bei der Jagd umkommen oder beim Fischen ertrinken, können für die Zucht immer noch genügend überleben. Das kann man jedoch nicht von den Frauen behaupten, von deren Zahl der natürliche Zuwachs abhängt. Somit sind Männer sowohl überlegen wie austauschbar und Frauen wertvoller und untergeordnet. Die Grundunterschiede der Geschlechter werden ferner durch die ausgedehnte Differenzierung zwischen dem Erwachsenen und dem Heranwachsenden betont. Die Jungen der menschlichen Gattung müssen so lange beschützt und erzogen werden, bis ihr Gehorsam – auf dem ihre nackte Sicherheit beruht –

zur Gewohnheit wird und, in einem gewissen Grad, auch nach Erlangung der Reife bestehen bleibt. In der großen Familie oder dem Stamm regieren vorwiegend die älteren Männer, deren Autorität Nachdruck durch die besondere Beziehung – sobald sie anerkannt wird – zwischen Vater und Kind erhält.

Was also Natur und Tradition betrifft, so ist die Autorität des Mannes etabliert. Aber die Ehe ist nichtsdestoweniger eine Partnerschaft, die zwei Menschen zu einem gemeinsamen Zweck eingehen, und wenn auch in einem gewissen Sinn die Führerschaft des Mannes unterstellt werden kann, so ist es klar, daß die Frau weit mehr investiert. Sie hat (im Gegensatz zu ihm) die Unbequemlichkeiten, Schwierigkeiten und Gefahren der Mutterschaft vor sich. Gesetzt, der finanzielle Erfolg der Partnerschaft beruht im allgemeinen auf den Anstrengungen des Mannes, so träfe ein diesbezügliches Versagen Frau und Kind weitaus stärker. Daher enthält die Ehe das zentrale Paradox, daß der Mann – normalerweise der aktivere Partner – sowohl über- wie untergeordnet ist. Soll er für das Einkommen der Familie verantwortlich sein, muß er eine gewisse Befehlsgewalt über die Partnerschaft haben. Soll er die produktive Arbeit leisten, muß er die Entscheidungen treffen. Die ausübende Gewalt liegt in seinen Händen, und dort hat sie das christliche Sakrament der Ehe auch niedergelegt. Aber wenn auch die Frau ihrem Mann gehorchen soll, weil er der aktivere Partner ist, ist der Mann seiner Frau verantwortlich, weil sie der größere Teilhaber ist; was in dieser Beziehung ihn ihr unterordnet. Da Männer gern vergessen, daß sie nur Treuhänder ihrer Macht sind, erinnern sie sich (in manchen Ländern) dadurch daran, daß sie die Frau stets mit Vorrang behandeln. Männer erheben sich, wenn eine Frau das Zimmer betritt, und halten ihr die Tür auf, wenn sie es verläßt. Die Frau geht als erste durch die Tür und wird bei Tisch vom Mann bedient. Sie wird gefragt, wo sie sitzen möchte oder wann sie gehen will. In mittelalterlicher Ritterlichkeit besteht somit ein Element, das aus jedem Mädchen eine Fürstin und aus jedem Mann ihren Diener macht. Dahinter steckte nichtsdestoweniger das Gesetz, das jeden Mann zum Besitzer und jede Frau zu seinem Geschöpf machte. Aus alledem dürfen wir schließen, daß die traditionelle Beziehung in der Christenheit extrem kompliziert war; da der Gehorsam, den die Frau dem Mann schuldete, sehr hübsch durch die Ergebenheit, die der Mann der Frau schuldete, ausgeglichen wurde. Und darüber hinaus sorgte der traditionelle Anstand dafür, daß der formellen Ergebenheit auf der einen Seite mit einer damenhaften Zurückhaltung auf der anderen Seite be-

gegnet wurde. Das Mädchen, das Anspruch auf Rücksicht und Komplimente hatte, durfte ihrerseits nicht eigensinnig und selbstherrlich sein. Was Entscheidungen anbetraf, durfte sie nur einen Teil der Macht beanspruchen, die ihr feierlich offeriert wurde.
In einer Gesellschaft, wo gesellschaftliche Beziehungen so vielfältige und differenzierte Formen angenommen hatten, rebellierten plötzlich die Frauen im Namen der Gleichberechtigung. Zu Anfang des zwanzigsten Jahrhunderts begannen sie Röcke mit Hosen zu vertauschen. Theoretisch geschah das, um eine neue demokratische Beziehung zwischen den Geschlechtern zu demonstrieren. In der späteren Praxis symbolisierte es die kriegsbedingte Knappheit an Männern. Frauen wurden als Männer angestellt und sogar eingezogen und oft in einer Rolle verwendet, wo Röcke unpraktisch oder gefährlich gewesen wären. Die Hose, ursprünglich Sinnbild des Aufbegehrens, wurde bald zum äußeren Zeichen einer neuen Dienstbarkeit, wobei die Fabrik das Heim ersetzte. Mit der Hose entstand die neue Freiheit und Kameradschaft zwischen den Geschlechtern. In der tapferen Neuen Welt wurden sie endlich einander gleichgestellt. Wäre die Revolution, wie es in manchen kommunistischen Ländern den Anschein hatte, perfekt gewesen, wären die subtilen traditionsbedingten Beziehungen zwischen Mann und Frau durch die nackten Forderungen des Zeitalters völlig verdrängt worden. In der englischsprechenden Welt jedoch kam es zu einem Kompromiß. Frauen waren zwar berechtigt, aber nicht gezwungen, Hosen zu tragen. Mit dem Wahlrecht, mit der Zulassung zum Richterstand und fast allen anderen Berufen durften sie zugleich auch – und wurden sogar dazu ermutigt – die Privilegien behalten, die mit ihrem ehemaligen untergeordneten Stand Hand in Hand gingen. Sie galten als gleichberechtigt auf Gebieten, in denen sie ehemals nichts zu sagen hatten, aber ihre bisher anerkannte Überlegenheit auf spezifisch weiblichen Gebieten blieb unangetastet. In dieser subtilsten aller Beziehungen war die frühere Ausgeglichenheit verlorengegangen.
G. K. Chesterton hat einmal gesagt, daß eine Frau, die als Kamerad behandelt werden will, es riskiert, wie ein Kamerad geschunden zu werden. Ja, sie setzt sich Hohn, Flüchen und derben Scherzen aus. Aber eine solche Behandlung verträgt sich so schlecht mit unseren Bräuchen, daß wir nur selten der Logik freien Lauf lassen. Eine Frau in der Armee müßte theoretisch wie ein gemeiner Soldat behandelt, mit ihrem Nachnamen angeredet werden und den schroffen Befehl erhalten, dies oder jenes zu tun. Jedoch genügen eine Minute des Überlegens oder fünf Minuten der Erfahrung, um

jeden Offizier zu überzeugen, daß eine solche Behandlung irrsinnig wäre. Theoretisch mag es korrekt sein, zu sagen: »Korporal Baker, diese Briefe müssen bis Mittag zur Unterschrift fertig sein«, aber in Wirklichkeit geht man ganz anders vor. »Hätten Sie einen Moment Zeit, Valerie? Diese Briefe müssen nämlich sehr schnell erledigt werden. Wenn ich nicht vor ein Kriegsgericht soll, müßte ich sie bis mittags haben. Seien sie so lieb, damit wir nicht alle erschossen werden!« Diese Beschwörung erzielt Resultate, wo schroffe Befehle nichts ausrichten würden. Das alles ist völlig einleuchtend, aber es zeigt, inwiefern das Prinzip der Gleichberechtigung praktisch unrealisierbar ist. Dem Revolutionär mag es gelingen, den Gentleman abzuschaffen, aber die Frau will noch immer als Dame behandelt werden. Bei der zu ihren Gunsten veränderten Lage ist sie nicht immer so damenhaft, ihren Vorteil nicht auszunutzen. In den USA bedeutet das die Ära des geknechteten Gatten und infolgedessen die Ära der verlassenen Gattin.

Wie die Lage wirklich aussieht, zeigt sich erst, wenn die Vertreterinnen der neuen Ära eine traditionellere Gesellschaft besuchen, wo ältere Werte noch in Kraft sind. Dort nimmt die Frau impulsiv für den Unterdrückten Partei. »Wie entsetzlich«, ruft sie aus. »Kommandiert Ihr Mann Sie tatsächlich herum? Das erinnert mich ja an das Märchen von Blaubart! Das ist ja wirklich unglaublich.« Allmählich muß sie jedoch erkennen, daß man sie nicht etwa beneidet, sondern bemitleidet. Das wird ihr durch die erste Ortsansässige, die sie kennenlernt, klargemacht, deren Hohn sich etwa folgendermaßen ausdrückt: »Ihr Mann sagt immer nur ›Jawohl, Liebling‹ und ›Wie denkst denn *du*, Liebling?‹ Hier in Esperanto wollen wir einen Mann, der für uns entscheidet und bei seiner Entscheidung bleibt.« »Aber das ist doch einfach *mittelalterlich*! Mein Mann und ich entscheiden gemeinsam, ohne jede wirkliche Unstimmigkeit. Er ist viel zu nett, um aus purem Widerspruchsgeist gegen mich zu opponieren, und wird, wenn Sie ihn fragen, ohne weiteres zugeben, daß ich meistens recht habe. Aber wir leben eben in einer echten Partnerschaft, wo keiner den anderen bevormundet.« Das erregt jedoch nur ein mitleidiges Lächeln. Die Frauen von Esperanto betrachten den »Jawohl-Liebling«-Gatten überhaupt nicht als Mann. Sie halten ihn zunächst einmal für impotent. Hat man sie über diesen Punkt beruhigt, bezweifeln sie, daß seine Virilität ihren Ansprüchen entsprechen würde. Kurzum, sie ziehen einen Mann vor, der sich als solcher benimmt. Ihre Ablehnung des amerikanischen Ideals ist unverblümt und direkt, und sie lassen das Thema fallen, um sich einem anderen zuzuwenden.

Bei einer landläufig zivilisierten Beziehung hat die Frau ihre eigenen Möglichkeiten, um von vier Entscheidungen etwa drei zu treffen, von denen zwei wahrscheinlich banal sind. Ihr häufigster Fehler besteht darin, nicht etwa jedesmal ihren Kopf durchsetzen zu wollen, sondern sich auf etwas zu versteifen, was ihr sowieso gewährt werden würde. Die Dame der Tradition sorgte dafür, daß der endgültige und cäsarenhafte Entschluß ihres Gatten die Folge ihres vorangegangenen Ratschlags war. Sie fügte sich mit Charme ihrem Herrn und Gebieter, lobte seine Weisheit, unterwarf sich seiner größeren Sachkenntnis, wohl wissend, daß sein Entschluß, auch wenn es nicht den Anschein hatte, ursprünglich der ihre war. Ein solches Manöver hatte doppelte Vorteile. Erstens gab sie ihrem Mann das Gefühl, daß er der Herr sei, ohne seinen törichten Ideen nachzugeben, zweitens vermied sie, allein verantwortlich zu sein, falls sich der Entschluß nachträglich als unheilvoll herausstellen sollte. Dann wäre es nämlich *ihr* Entschluß gewesen – unter den Umständen sehr natürlich und zur Zeit scheinbar klug –, den sie unschuldig und ohne viel Nachdenken gefaßt hatte. Wenn die Frauen von heute die Kunst der Ehe nach Art ihrer Großmütter genügend studiert haben, werden sie zu der Einsicht gelangen, daß sie durch liebenswerte Zurückhaltung mehr Einfluß ausüben können, als sie jemals durch kampflustige Selbstbehauptung erreichen können.

Die typischen Fehler, die die heutigen Ehefrauen machen, sind zum Teil die Folge der Frauenemanzipation, die zu Anfang dieses Jahrhunderts einsetzte, aber auch die Folge ihres Schulunterrichts. Es besteht die Tendenz, daß in Schulen und Universitäten Mädchen hauptsächlich von weiblichen (nicht immer verheirateten) Lehrkräften unterrichtet werden. Was ihre formale Erziehung betrifft, werden sie dadurch von Menschen in das Leben eingeführt, deren praktische Lebenserfahrung gleich Null ist. In diesem Zusammenhang ist die alleinstehende Frau, die nichts als ihren Beruf kennt, eine große Gefahr, da sie gegen die Vorherrschaft der Männer rebelliert und Gleichberechtigung der Geschlechter propagiert. Eine klügere und welterfahrenere Frau würde den Mädchen versichern, daß eine solche Gleichberechtigung nutzlos ist und es gescheiter wäre, eine scheinbare Unterwerfung als Lohn für einen gewöhnlich entscheidenden Einfluß anzubieten. Wenn nur eine einzige Schule das lehrte, würden deren Schülerinnen als Ehefrauen dermaßen gefragt sein, daß es zur Nachahmung reizen würde. In diesem Zusammenhang ist es bedeutsam, daß mehrere der exklusivsten Mädcheninternate männliche Professoren haben.

Der Gedanke hat etwas für sich und scheint zumindest empfehlenswerter als die Art und Weise, wie Internate für Knaben und Mädchen (wie manchmal der Fall) mit einem Lehrkörper von alten Tanten beiderlei Geschlechts besetzt werden. Ein Waffenstillstand im Kampf der Geschlechter könnte vielleicht dadurch herbeigeführt werden, daß Frauen dazu erzogen werden, Frauen zu sein.

Motorisierung

Unsere Untersuchung der romantischen Tradition hat bisher erbracht, daß zu einer Ehe in allererster Linie ein Mann und eine Frau gehören. Aber rein chronologisch betrachtet, saß die Schlange schon längst im Garten Eden, bevor das erste Ehepaar auftrat. Die Schlange ist natürlich ein Stück poetischer Symbolik, die das Automobil verkörpert, und der heutige Adam muß sich erst einen Wagen anschaffen, bevor er sich eine Frau zulegt. Genauer gesagt, hätte er ohne Wagen überhaupt keine Frau bekommen. Während für diese biologische Tatsache ein logistischer Hintergrund besteht, finden wir darin (was der Sache näherkommt) ein unterbewußtes Erbe des alten Grenzers. Der Cowboy, jener wichtige Bestandteil der amerikanischen Mythologie, war von seinem Pferd unzertrennlich. Ohne Pferd war er kein Cowboy mehr. Ohne seinen Mustang existierte er kaum noch. Abgestiegen war er geringer als ein Kind. Aus dem Pferd wurde die Kutsche, aus der Kutsche das Automobil, und inzwischen ist es Tradition geworden, daß ein Mann zu Fuß nicht einmal mehr ein Mann ist.

Das klassische Buch über Motorisierung (*The Insolent Chariots*) wurde bereits vor zehn Jahren von John Keats verfaßt, und ihm ist wenig mehr hinzuzufügen. Das erste Automobil, schreibt er, entstand in der uns bekannten Form im Jahre 1895. Das war Levassors Panhard, von dem alle modernen Wagen abstammen. Seine ursprüngliche Gestalt wurde von »einer Gruppe von Dorfklempnern« entworfen, deren dilettantische Klempnerei sich noch immer behauptet. In die erste Kraftfahrzeug-Industrie traten Mr. Henry Ford und Mr. R. E. Olds ein, die Detroit zu dem machten, was es heute ist. Um etwa 1903 wurden Wagen fabrikmäßig hergestellt und haben seitdem unser Leben geprägt. Wir sind alle motorisiert, ob wir wollen oder nicht. Wir haben gar keine Wahl. Wir leben in einer Welt, die ohne Motorisierung nicht denkbar und in der ein Leben ohne sie kaum möglich wäre. Etwa in Los Angeles ohne Wagen zu sein, wäre kaum durchführbar. Man stelle sich beispielsweise vor, daß Perry Mason nur ein Fahrrad besitzt und Paul Drake auf öffentliche Verkehrsmittel angewiesen ist. Della Street beantwortet das Telefon und sagt zu Perry Mason, daß sein Klient Frank Wittering (fälschlich des Mords bezichtigt und jetzt auf der Flucht) sich im Disneyland-Motel aufhält, daß aber seine Freundin Diana Dithers im Begriff ist, in einer Wohnung in Pasadena Selbstmord zu begehen.

»Verzagen Sie nicht«, erklärt ihnen Perry. »Unternehmen Sie

nichts, bis Sie mich oder Mr. Drake erblicken.« Er hängt ein und verkündet, daß keine Minute zu verlieren sei. Er *m-u-s-s* Frank sprechen, bevor der Staatsanwalt ihn einholt. »Und du, Paul, erwische das Mädchen, bevor es den Gashahn aufdreht.«

»Okay, Perry«, sagt Paul, »aber wie soll ich denn hinkommen?«

»Überlasse das Della«, sagt Perry laut und verschwindet, um sein Fahrrad zu holen.

Della ist selbstverständlich eine Quelle der Information und hat den Fahrplan zur Hand. »Es gibt einen Bus, der zwei Häuserblocks von hier hält und Sie einen Teil der Strecke bringen kann. Einen haben Sie gerade verpaßt, der nächste kommt in 55 Minuten. In Glendale können Sie einen anderen Bus nach San Marion bekommen – das heißt, wenn er sonntags fährt. Das Mädchen wohnt zwischen Pasadena und Sierra Madre, jeweils vier Meilen von beiden Orten entfernt.«

»Gibt es einen Bus von San Marion?«

»Ich glaube kaum. Sie werden wohl zu Fuß gehen müssen.«

Perry ist besser dran, er muß nur noch seinen Hinterreifen aufpumpen. Dann braust er los und braucht nur 65 Meilen weit zu fahren. Er hätte auch rechtzeitig eintreffen können, wäre er nicht den Hügel bei Buena Park zu Fuß hinaufgegangen. Da er wegen Streunens verhaftet wird, verliert er zwei Stunden durch Auseinandersetzungen mit der Polizei und erreicht das Disneyland-Motel erst nach Sonnenuntergang. Frank ist bereits im Gefängnis, und Perry wird abermals verhaftet, diesmal, weil sein Fahrrad kein Licht hat. Und Paul Drake gelangt mit verschiedenen Überlandbussen nach Burbank, Torrance und Santa Monika, um in Redondo Beach zu landen, wo für diesen Tag keine Rückfahrmöglichkeit besteht. Von Dianas Selbstmord erfährt er lediglich durch das Radio. Tage später kann Perry Mason die Akte mit den Worten schließen: »Und so endet der Fall des nichtmotorisierten Privatdetektivs.« Ohne Wagen ist der Verteidiger so behindert, daß die Untersuchung der ersten Tragödie von der zweiten überholt wird, da der Staatsanwalt die Verurteilung durchsetzt, bevor der Verteidiger überhaupt aufgetreten ist. So daß der Fall nicht nur kein triumphales Ende fand, sondern gar nicht erst beginnen konnte.

Der PKW ist weniger ein Transportmittel als eine Lebensform. Zunächst schafft er die Voraussetzung für moderne Vororte und Siedlungen, in denen die meisten Menschen leben. Im allgemeinen gibt es zwei Arten von Pendlern: solche, die von ihrer Wohnung bis zu ihrem Büro fahren, und solche, die zum Pendel-Bahnhof fahren und die Stadt mit dem Zug erreichen. Für beide ist das

Auto unerläßlich. Zwar entstand diese Lebensform noch im Zeitalter der Dampflokomotive und Pferdewagen, aber der PKW hat Millionen zu der Lebensform verholfen, die früher den oberen Zehntausend vorbehalten war. Und der Status dieser Millionen beruht mehr oder weniger auf der Entfernung zwischen Heim und Arbeitsplatz. Die entfernteren Wohnbezirke sind ländlicher gelegen, und ihre Bewohner können es sich kraft ihrer leitenden Stellungen leisten, spät ins Büro zu kommen. So unternehmen Männer täglich eine Fahrt von zehn bis sechzig Meilen, um nach einem kurzen Arbeitstag die gleiche Strecke zurückzulegen. Diese Lebensform wirkt sich auf die Verwaltungskosten aus, den Umfang der Zeitungen, die Radioprogramme und die Reklametafeln an den Landstraßen. Darüber hinaus aber transferiert sie geselliges Leben von der Stadt in die Vororte, mit Ergebnissen, die allzu häufig unbeachtet bleiben. Am wenigsten vielleicht wird der Zusammenbruch des Systems beachtet, in welchem früher die Menschen unter Nachbarn wohnten, deren Beruf mehr oder weniger dem ihren gleich war.
Beim Betrachten der älteren Städte stellen wir fest, daß sie früher (und manchmal noch heute) ganze Viertel, Straßen und Kaffeehäuser haben, die traditionsgemäß Anwälten, Ärzten, Schneidern oder Künstlern vorbehalten sind. So hat Paris sein Quartier Latin, London seine Harley Street, Fleet Street, Savile Row oder Chelsea, New York seine Wall Street und sein Greenwich Village. Das waren Bezirke, in denen Gleichgesinnte wohnten oder wohnen und dieselben Vergnügungsstätten frequentierten. Die Zusammenarbeit oder Rivalität zwischen Mathematikern, Malern, Schauspielern, Musikern, Gelehrten, Buchhändlern und Rechtsanwälten erzeugte Qualität. Und ursprünglich wohnten Menschen dort, wo sie arbeiteten, besuchten dieselben Kirchen und Konzertsäle, diskutierten leidenschaftlich in demselben Wirtshaus oder Kaffeehaus. Man vergleiche das einmal mit der Lebensform, die der Pendler-Zug etwa vom Londoner Bahnhof Waterloo nach Weald erzeugt. Leute von bescheidenem Einkommen, seien es Büroangestellte oder Dichter, fahren vielleicht bis Croydon. Etwas besser Gestellte steigen in Sanderstead oder Warlingham aus. Die Wagen der Ersten Klasse beginnen sich in Oxsted zu leeren, und die wirklich Reichen werden von ihrem Rolls-Royce mit Chauffeur etwa in Edenbridge abgeholt. Diese Einteilung beruht jedoch nicht auf dem Beruf, sondern auf dem Einkommen. Gewiß haben Menschen mit großen Investitionen ein bestimmtes gemeinsames Interesse. In anderer Beziehung aber unterscheiden sich sämtliche Vorort-

bewohner in allem außer ihrem Einkommen voneinander. Bei Einbruch der Nacht zerstreuen sich die Anwälte, Ingenieure, Professoren und Opernsänger in alle Richtungen und fahren eine Strecke, die ihren Familienverhältnissen und ihrem Einkommen entspricht. Die Nachbarn des Architekten A. sind ein Wirtschaftsprüfer, ein Buchmacher, ein Bankprokurist und ein Beamter des Handelsministeriums. Andere Architekten wohnen in den verschiedensten Vororten an der Peripherie Londons, aber es gibt keinen, mit dem A. ohne zeitraubende Fahrt abends zusammenkommen kann. Mit seinen Nachbarn kann er über Gartenbau sprechen oder Bridge spielen, muß aber jede Anregung auf seinem eigensten Interessengebiet mehr aus Fachzeitschriften als aus persönlichen Kontakten beziehen. So unterscheidet sich das Leben in einem Vorort von dem Leben in der Großstadt vor allem dadurch, daß es den Fachmann isoliert.

In gleicher Weise, wie der Wagen die Großstadt ruinierte, ruiniert er auch das Landleben. Das Leben der Dorfbewohner verfällt in dem Maße, wie jene vom nächsten Einkaufszentrum angezogen werden. Dieses Zentrum wird zur Nebenstelle einer Stadt oder gar zu einer selbständigen Stadt. Vororte erstrecken sich über Gebiete, die ehemals landwirtschaftlich waren, und verbinden Industriezentren miteinander, die früher getrennt lagen. Das Ergebnis dieses Zusammenschlusses ist ein wuchernde Reihe von anonymen, formlosen und scheinbar endlosen Vororten. Vom Standpunkt materiellen Komforts aus betrachtet, haben Vororte vieles für sich. Sie sind verhältnismäßig still, sauber und sicher, mit Gärten für die Kinder und Schulen in erreichbarer Nähe. Noch dazu sind sie frei von städtischer Korruption, die soviel dazu beigetragen hat, die Großstadt unbewohnbar zu machen. Aber nichtsdestoweniger bleibt die Tatsache bestehen, daß sie einen Kompromiß zwischen städtischem und ländlichem Leben darstellen und dabei weder dem einen noch dem anderen gerecht werden. Deshalb hat der Vorort bis jetzt nicht das Zugehörigkeitsgefühl ausgelöst, das einst der Stadt oder dem Dorf entgegengebracht wurde. Einmal sind die Bewohner nicht seßhaft genug, und außerdem ist ihr Zugehörigkeitsgefühl geteilt, denn während sie in London, Chicago oder Boston arbeiten, wohnen sie in Surrey, Indiana und New Hampshire. Wenn sie überhaupt etwas anderem als ihrem Lande die Treue bewahren, so ist das die Marke ihres Wagens. Denn auf diesem beruht ihre gesamte Lebensform. Ist es ihnen nur irgendwie möglich, mit dem Wagen bis in die Stadt zu fahren, so tun sie das, ohne Rücksicht auf Parkschwierigkeiten und Verkehrsstockun-

gen. Und die Manie für Geschwindigkeit bringt alles zum Stillstand. So ist die permanente Verkehrsstauung bezeichnend für die Großstadt, sie erreicht ihren Höhepunkt, wenn alle gleichzeitig zum Vorort hinausstreben. Nachdem der Wagen zuerst den Vorort geschaffen und die Stadt ruiniert hat, schuf er das lange Wochenende, den Kurzurlaub, die Mittelmeerfahrt und das Wintersporthotel. Denn alle diese Zerstreuungen beruhen auf Motorisierung. Ohne den Wagen wären sie niemals entstanden und ohne den Wagen hätten sie sich niemals halten können.
Mit dem Wagen entstand der Bedarf nach einer Garage als einem Bestandteil des Heims. Zur Zeit des Pferdewagens brauchte man eine Remise, einen Raum für Zaumzeug und Geschirr, sowie Ställe, die alle in einiger Entfernung vom Hause lagen. Pferde ziehen Fliegen an, deshalb war diese Trennung berechtigt. Auch sonst war sie zweckmäßig, denn Wagen oder Reitpferd wurden nach der Uhr im Hof zur festgesetzten Stunde vor die Haustür gebracht. Die Remise wandelte sich zur Garage, um den pferdelosen Wagen zu behausen, aber die Vorstellung, daß sie in einiger Entfernung vom Haus liegen müsse, blieb weiterhin bestehen; gelegentlich wurde sie mit etwaiger Feuersgefahr verteidigt. An die Garage dachte und denkt zuweilen auch heute noch der Architekt erst im letzten Moment – als einen Ort, zu dem man in strömendem Regen zwanzig Meter weit sprinten muß. Die Architekten, die diese Anordnung der Bauweise des 19. Jahrhunderts übernahmen, übersahen gern ein anderes Detail, dessen Nützlichkeit mehr auf der Hand liegt – die überdachte Zufahrt. Wenn wir schon alles tun, um unsere eigenen Wagen vor Wind und Wetter zu schützen, so wäre es kaum zu viel verlangt, wenn wir auch an die Wagen unserer Gäste dächten. Man sollte erwarten können, daß das Kleid einer Dame, die vor einem Haus des 20. Jahrhunderts vorfährt, nicht dem Schnee ausgesetzt oder ihr Wagen in brennender Sonne geparkt werden müsse. Aber weit gefehlt! Auf diesen Gedanken ist niemand gekommen, und jedes neu gebaute Haus war nichts anderes als eine Abwandlung des vorhergehenden, das die Kunst des Architekten preisen und der Bedeutung des Kunden schmeicheln sollte. Selbst dort, wo die Garage dem Haus angegliedert wurde, gibt es keinen Durchgang, so daß der Spaziergang im Regen von Zeit zu Zeit dennoch unerläßlich ist. Und unsere Gäste können in einen entweder überheizten oder wegen eines offengelassenen Fensters regendurchweichten Wagen zurückkehren. Während wir (Motoristen) schon herzlich wenig für uns selbst taten, haben wir praktisch gar nichts für andere getan.

In jedem überdurchschnittlich großen Heim ist gewiß mit wiederholten Cocktail-Parties zu rechnen. Wenn wir annehmen, daß wir Platz für sechzig Personen haben, so ist das die Zahl, die wir bewirten müssen. Unsere Gastfreundschaft muß sich mithin auf etwa vierzig Autos ausdehnen. Wie sollen sie an- und abfahren, wo sollen sie parken? Es gibt Wohnungen, wo das Verkehrsproblem genau studiert, eingehend erörtert und erfolgreich gelöst wurde. Weit zahlreicher jedoch sind die Wohnungen, wo es liebenswürdig ignoriert, lustlos erörtert oder schließlich dem Zufall überlassen wird. Daraus ergeben sich dann die auf dem Höhepunkt des Festes ertönenden Beschwörungen: »Der Besitzer des Ford 72384 möchte bitte so gut sein ...« usw. Oder aber man sieht den Gastgeber von Gruppe zu Gruppe gehen und sich nach einem grauen Jaguar erkundigen. »Der gehört Brenda – nein, ich erinnere mich, daß sie mit einem Mini gekommen ist. Weiß denn niemand, wem der Ford gehört? Lewis muß früh weg, kann aber mit seinem Wagen nicht 'raus ... Ach, Sam, ist es vielleicht Ihr Ford, der die Anfahrt blockiert? Nein? Na, *jemandem* muß er doch gehören ...« usw. All diese Mißlichkeiten beruhen auf falscher Planung. In der Vorortwelt ist der Wagen eine Dauererscheinung. Indem wir lernen, mit ihm zu leben, müssen wir es ihm auch ermöglichen, mit uns zu leben. Er benimmt sich viel besser, wenn man ihn mit Rücksicht behandelt, und ist natürlicherweise beleidigt, wenn man seine Bedürfnisse übersieht. Das Automobil muß zum integrierten Bestandteil des Hauses werden, die Garage darf nicht ein im letzten Moment bedachtes Anhängsel sein, sondern ein eingeplanter und überdachter Raum für die notwendige Ruhe und Erholung des Wagens.

In Spektorskis klassischem Werk *The Exurbanites*, das die Fahrt eines Jeeps zum Pendler-Bahnhof beschreibt, kommt auch ein Cadillac vor, der Kinder zur Schule fährt. Damit lenkt er unsere Aufmerksamkeit auf die multimotorisierte Familie. Der zweite Wagen für die Ehefrau ist nur ein Schritt auf dem Weg zum dritten Wagen für die Kinder und führt uns mithin zum Teenager-Problem. Dies entsteht weniger durch die Halbwüchsigen-Psychologie als durch dieses Phänomen der Multi-Motorisierung. Der Eltern zögernder Ankauf des Wagens 3 beruht auf dem Wunsch, Wagen 1 und Wagen 2 für den eigenen Gebrauch zu behalten. Nach dem Ankauf beginnen die Teenager ihr eigenes Leben zu leben; das Problem, das dadurch entsteht, ist kein psychologisches, sondern ein Transport-Problem. Um das zu erkennen, müssen wir einen Vergleich mit der Gesellschaft ziehen, in der unsere Großeltern lebten. Ihre Welt wurde vor allem von der bürgerlichen Moral beherrscht. Unter der Queen Victoria und dem Präsidenten Lincoln entstand eine lange und immer länger werdende Liste von Dingen, die besonders am Sabbath verboten waren. Der Tag des Herrn nahm eine strenge Form an, in welcher Hausandachten und Gottesdienste sich mit gemessenen Spaziergängen und rituellen Höflichkeiten abwechselten. Zylinderhüte wurden zu feierlichem Gruß gelüftet, und Kirchenglocken riefen die Gläubigen zum Gebet. Das schwere Mittagessen, dem ein schläfriger Nachmittag folgte, rechtfertigte ein kaltes Abendbrot, das dem Personal erlaubte, die Abendandacht zu besuchen. Der Abend brach über scheinbar unbelebte Städte und Dörfer herein, wo nur selten das Pflaster verlassener Straßen von Schritten widerhallte. Der Fremde erhielt keinen Einblick in die dichtverhangenen und gasbeleuchteten Häuser, aber auch *alles* war verschlossen.

Die Hauptleidenden des Sonntags waren die Kinder. Für die Knaben gab es den steifen Kragen und den Sonntagsanzug, für die Mädchen ein steif gestärktes, ungemein unbequemes Kleid. Hinzu kam die geschäftige Vorbereitung zum Kirchgang mit der Verteilung der Gesangbücher und dem Geld für den Klingelbeutel. Die Predigten waren lang und theologisch, die Bänke hart und die Fußböden kalt. Und das war nicht etwa das Ende der kirchlichen Pflichten, denn den Nachmittag nahm die Sonntagsschule ein, die sich zwischen Morgen- und Abendgottesdienst schob. Spiele im Freien waren verboten und wären infolge der Sonntagskleider sowieso kaum ausführbar gewesen. Im Hause durfte höchstens mit der Arche Noah gespielt werden, und die Lektüre mußte ganz besonders erzieherisch sein. Willkürliche Regeln unbekannten Ursprungs können äußerst verärgernd sein, aber ihre buchstäbliche Befolgung kann leichter sein als ursprünglich beabsichtigt. Denn das Verbot von Spielen im Freien wurde nie, wie es doch logisch gewesen wäre, auf Zerstreuung ausgedehnt, von denen die viktorianische Gottheit nie etwas vernommen hatte. Das Radfahren zum Beispiel war nicht verboten in einer Gemeinde, in der Pferd und Wagen wichtig, ja selbst für den Kirchgang notwendig gewesen waren. Es war eigentlich das Fahrrad, das die gesamte Struktur des viktorianischen Sonntags lockerte. Denn das Fahrrad trug den Besitzer in eine andere Gemeinde oder Grafschaft, fern von dem mißbilligenden Blick der Nachbarn oder der Eltern. Er hätte hingefahren sein können, um eine andere Kirche zu besuchen. Er hätte ebensogut ausgefahren sein können, um Schmetterlinge zu fangen oder Landschaftsmalerei zu betreiben. Und wenn ihn auch feindliche Blicke durch Spitzenvorhänge verfolgten, so stammten sie von Menschen, die ihn nicht kannten und nicht wußten, woher er kam. Mit der Freiheit der Anonymität, die das Fahrrad vermittelte, war die alte Moral erledigt. Der Wagen tat nichts anderes, als diese Freiheit noch weiter auszudehnen und den Besitzer zum Sonnenbaden, Schwimmen oder Flirten noch weiter weg zu transportieren. Er brachte sogar in stärkerem Maße als das Fahrrad den Frauen die gleiche Freiheit. Gleichviel, was sie tun wollten, sie konnten es anderen Ortes tun.

Mithin ist das Teenager-Problem vom Automobil nicht zu trennen. Wenn junge Leute sich in anrüchige Abenteuer stürzen, so nicht deshalb, weil sie in Peyton Place wohnen, sondern weil sie die Möglichkeit haben, daraus zu entfliehen. Besorgte Eltern begegnen dieser Gefahr mit dem Familien-Wochenende, indem sie mit den Kindern zusammen an den nächsten See oder Badestrand fahren. Das genügt, solange die Eltern bereit sind, die Beschäftigungen der Teenager mitzumachen, aber auch dieses Opfer schiebt nur vorübergehend die Motorisierungs-Probleme auf, die sich über kurz oder lang einstellen. Denn selbst wenn die Eltern gern bereit sind, mit ihren Kindern zu segeln, so kommt bald die Zeit, da die Kinder lieber allein segeln wollen. Und es ist der dritte Wagen, der das ermöglicht und dabei all die Komplikationen schafft, die den modernen Roman so langweilig machen. Auf das Thema des Teenagers müssen wir noch ausführlich zurückkommen, aber bei jeder Diskussion über Motorisierung kann man nicht umhin, es kurz zu erwähnen. Im Augenblick ist es jedoch wichtiger, uns mit der Autosucht zu beschäftigen, ein Leiden, das den älteren Menschen befällt. Als Mittel zur Fortbewegung ist Gehen heute dermaßen unmodern, daß es (bestenfalls) als exzentrisch gilt. Auf dem Golfplatz ist gehen erlaubt, auf dem Flugplatz unvermeidlich, aber anderswo ist es so gut wie unbekannt. Gewiß kommt es vor, daß die Strecke, die ein Autobesitzer von seinem Parkplatz zurücklegen muß, länger ist als die gesamte Fahrstrecke. Aber abgesehen von solchen seltenen Ausnahmen wird eher gefahren als zu Fuß gegangen, und der Körper muß sich der Untätigkeit dieser Autosucht anpassen.

Das Syndrom der Autosucht wird in den amerikanischen Illustrierten eingehend dargestellt. Die ersten auf Blickfang gerichteten Anzeigen sind solche, die das Automobil verherrlichen. Man zeigt uns Spitzenfabrikate, die funkelnd, makellos, weichgepolstert und luxuriös vor exklusiven Gebäuden stehen. Dieser Blick, den wir vom *Schöner leben* erhaschen, betört uns, und wir wenden uns der nächsten Seite zu. Diese reproduziert Lebensmittel in der realistischen Weise, wie sie nur Amerikaner überhaupt anstreben. Virginia-Schinken leuchtet in Farbe aus Ananasscheiben hervor. Ein Steak brutzelt zwischen Champignons, und Schlagsahne türmt sich über die Schokoladentorte. Das gefällt uns, und auch wir finden, daß nur das Beste gut genug ist. Diese Ansicht bestätigt das nächste Bild eines sagenhaften Cognacs in Schwenkgläsern, die zwischen Empire-Silber stehen und sich in der Mahagoni-Tischplatte spiegeln. Das alles suggeriert die Stimmung, in der ein perfektes Mahl ausklingen sollte. Zufrieden und seufzend wenden wir uns der nächsten Annonce zu, die von einer berühmten Schiffahrtslinie veröffentlicht wurde. Daraus entnehmen wir, daß eine Weltreise sich so arrangieren läßt, daß Neapel, Athen und Istanbul uns ohne eigene Anstrengung vorgeführt werden. Ohne – außer für die Mahlzeiten – seinen Liegestuhl zu verlassen, kann man alles sehen was von kunsthistorischem oder landschaftlichem Interesse ist. Will man dennoch an Land gehen, steht einem ein Cadillac zur Verfügung, der einen rechtzeitig zur abendlichen Vergnügung an Bord zurückbringt. Von neuem beeindruckt, blättern wir um. Aber hier schrecken wir auf, denn die weiteren Bilder zeigen schöne und teure Kleider. In raffiniertem Milieu sind die elegantesten Leute zu sehen, alle fabelhaft angezogen. Jedoch um solche Kleider, solche Anzüge tragen zu können, sind sie alle dermaßen schlank, ja nahezu ausgemergelt, daß es unmöglich ist, es ihnen gleichzutun. Keiner, der sich in jenem Wagen entspannt, jene Mahlzeit verzehrt, jenen Cognac getrunken und jene Kreuzfahrt mitgemacht hat, käme jemals in diese Kleider hinein. Die ganze Bildfolge zielt darauf ab, das Unmögliche zu verlangen. Entsetzt und betrübt eilen wir weiter, um zu erfahren, wie die Geschichte endet, und finden auf der nächsten Seite die Annonce für eine Schlankheitskur: »Wie man unbegrenzt essen kann, ohne zuzunehmen!« Was natürlich Unsinn ist, aber wir atmen erleichtert auf: Wir brauchen nicht zu verzagen, wir können gefräßig sein und ohne Gymnastik und Massage dennoch schlank bleiben: Glücklich darüber, kommen wir zur letzten Annonce: »Bringen Sorgen Sie um?« Bei Lichte betrachtet, ist genau das der Fall. Nichts gegen Schlankheitspillen, aber wie ist es mit ihren Nebenerscheinungen? Bedeuten sie nicht ein entsetzliches Risiko? Enden wir womöglich als Süchtige? Nichts dergleichen, denn diese letzte Annonce empfiehlt ein Beruhigungsmittel, das als einziges unsere Sorgen zerstreuen und uns zu entspannen vermag. Wir blättern zum funkelnden Automobil zurück, wobei uns einfällt, daß unser

eigenes bereits zwei Jahre alt ist und wir es unbedingt gegen eines in Zahlung geben müssen, das unseren Status erhöht. Soll es die Limousine oder das noch flottere Kabriolett sein?
Das Syndrom der Autosucht ist nicht nur eine Frage der Verdauung, sondern die einer fortgesetzten Ausgabe, mit der wir uns mehr oder weniger abgefunden haben, weil wir wissen, daß wir (in unserer Gesellschaft) auf keine andere Art leben können. Genauer gesagt, ist der Wagen allmählich zum Spiegel, zur Erweiterung unserer Persönlichkeit geworden. Für die Hausfrau bedeutet Wagen 2 weit mehr als nur ein Mittel, zur Schule oder zum Supermarkt zu fahren, genauso wie ein Hut weit mehr als eine bloße Kopfbedeckung ist. Sie sucht sich den Wagen aus, wie sie ihre Kleider aussucht, mit der gleichen Berücksichtigung von Mode, Stil, Farbe und Form. Der Wagen ist ein Kleidungsstück, das über dem Bisam- oder Nerzmantel getragen wird, und drückt auf diskrete Weise Selbstbewußtsein, Zurückhaltung oder Herausforderung aus. Wagen 1 der Familie ist die Mätresse des Gatten, die luxuriöse Ausführung ein Zeichen seiner Verliebtheit. Wagen 2 ist männlich, der ständige Gigolo der Ehefrau. In diesem Falle ist die Untreue weniger offenbar, der Anstand wird gewahrt. In den ersten Jahren der Ehe kann Wagen 2 ein alter Freund oder abgewiesener Freier, ein Überbleibsel aus der Studentenzeit sein. Der Wagen, der an die Stelle der alten Flamme tritt, bedeutet eine entschiedenere Geste. Er spiegelt nicht nur die Persönlichkeit wider, sondern auch die Stimmung. Wenn also die Besitzerin sich im Warenhaus übervorteilt fühlt, fährt der Wagen mit verächtlichem Schnauben an. Überholt er den Wagen eines gesellschaftlichen Rivalen, so tut er das mit überlegter Unbekümmertheit, als bemerke er den anderen überhaupt nicht. Wenn er wegen Überschreitens der Geschwindigkeitsgrenze angehalten wird, gebärdet er sich ebenso unschuldig wie seine Fahrerin: »*Ich?*«, scheint er in einem Ton zu sagen, als habe er zum Zeitpunkt der Verwarnung gestanden, wenn nicht gar sich im langsamen Rückwärtsgang befunden.
Und schließlich ist das Automobil ein Gesprächsthema, zumindest für Leute, die kein anderes haben. Diese Art von Gesprächen stammt natürlich aus dem blöden Geschwätz unserer Vorfahren über Pferd und Wagen. Eines der ersten literarischen Beispiele für solche Langweiler ist der Dauphin in Shakespeares *Heinrich V.* (III. Akt, 2. Szene):
Dauphin: Er ist ein Tier für den Perseus: nichts wie Feuer und Luft, und die trägen Elemente der Erde und des Wassers zeigen

sich niemals in ihm außer in feiner geduldiger Stille, während sein Reiter ihn besteigt. Er ist in der That ein Pferd, und alle andern Mähren kann man Vieh nennen.
Connetable: In der That, gnädiger Herr, es ist ein ganz vollkommenes und vortreffliches Pferd.
Dauphin: Es ist der Fürst der Gäule, sein Wiehern ist wie das Gebot eines Monarchen, und sein Anstand nötigt Huldigung ab.
Orleans: Nicht weiter, Vetter.
Dauphin: Ei, *d-e-r* Mensch hat keinen Witz, der nicht vom Aufsteigen der Lerche bis zum Einpferchen des Lammes mit verdientem Lobe auf meinen Gaul abwechseln kann. Es ist ein Thema, überfließend wie die See; verwandelt den Sand in beredte Zungen, und mein Pferd gibt ihnen allen zu thun. Er ist würdig, daß ein Souverän darüber rede und daß der Souverän eines Souveräns darauf reite und daß die Welt, sowohl die uns bekannte als unbekannte, ihre besondern Geschäfte beiseite lege und ihn bewundre. Ich schrieb einmal ein Sonett zu seinem Ruhm und fing so an: O Wunder der Natur –«
Zum Glück erspart uns Shakespeare das Sonett, das später zum Lob der Pferdekutsche abgewandelt wurde.
Im Gedanken daran schuf Jane Austen den läppischen John Thorpe, eine untergeordnete, aber wesentliche Figur in *Northanger Abbey*. Er beginnt das Gespräch mit der Frage: *»Wie finden Sie meinen Gig* (zweirädriger Einspänner), *Miß Morland?«* und will wissen, was sie glaubt, daß er dafür bezahlt habe, und erläutert stolz alle Einzelheiten der Ausführung.
Als er ihr dann verrät, daß er fünfzig Guineen gekostet hat, erwartet er von ihr offenbar einen Ausruf des Erstaunens. Dieser bleibt aus, da Katharina nicht weiß, ob es teuer oder billig war. »Weder das eine noch das andere«, erklärt er und fügt hinzu, daß er ihn a) für weniger hätte bekommen können, aber nicht gerne knausere, und b) daß er ihn am anderen Tag für zehn Guineen mehr hätte verkaufen können. Er ist der klassische Prototyp des Auto-Fachsimplers. Auf diese Weise kann selbst der gewöhnlichste Wagen jedes vernünftige Gespräch morden. Ebenso qualvoll können langwierige Ausführungen darüber sein, wie man zum Kingston-By-Paß unter Vermeidung der Verkehrsampel in Muddlecombe gelangt. Dann gibt es den Typ, der entweder einen Veteran oder einen ausländischen Wagen besitzt, der einen klangvollen Namen wie Osotta-Fraschini trägt; vielleicht ein Lamborghini 340 GT 2 + 2 Kabriolett, das abgeändert wurde, um einmalig zu sein, oder auch einen Miura allererster Qualität. Das

Geschwätz des Dauphins über sein Pferd ist ein Vorläufer zeitgenössischen Geschwätzes über Pferde-Kräfte:
»Ich tausche mein Pferd gegen keines, das nur auf vier Beinen geht. Ah, ça! Er springt von der Erde, als ob er mit Haaren ausgestopft wäre, le cheval volant, der Pegasus, qui a les harines de feu. Wenn ich ihn reite, so schwebe ich in Lüften, ich bin ein Falke, er trabt auf der Luft, die Erde singt, wenn er sie berührt; das schlechteste Horn seines Hufes ist musikalischer als die Flöte des Hermes.«
Wie leicht sich das auf das Auto übertragen läßt.
Zum Schluß kommt der Fachsimpler, der sich gar nicht mehr über seinen Wagen, sondern dessen Eingeweide, Potenz und Mängel unterhält.
»Der Panther Barracada ist ein prachtvoller Wagen, ich wäre der letzte, das zu bestreiten. Mit seiner Vier-Liter-V-12-Maschine, seinen sechs Gängen und seinen 10000 Umdrehungen pro Minute macht er mit Leichtigkeit 265. Seine Beschleunigung ist fabelhaft. Aber warum die idiotische Stellung des Stirnrads? Was, das haben Sie nicht bemerkt? Nun, es läßt sich ganz einfach erklären. Im Modell I, dem Prototyp von 1965, neigte die Nockenwelle dazu, sich nach 8000 km zu verschieben. *Das* haben sie dadurch abgestellt, daß sie vor den Sicherungsbolzen eine Muffe setzten. Aber sie haben nicht damit gerechnet, daß die Vibration die Differentialratsche erschüttern würde. Die Vibration ist so stark, daß sich die Nieten um den synchronisierten Rotorkopf lockern. Die sind natürlich aus Kupfer und unterliegen der Materialermüdung. Statt sie auszuwechseln, könnte man ebensogut ein neues Differential einbauen, und damit basta, aber die Maschine ist so eingebaut, daß man an den Rotorkopf nicht rankommt, ohne die ganze Verteileranlage ausbauen zu müssen. Dann ist noch etwas. Sie erinnern sich wohl an die Bodenplatte, die man bei jeder Maschine haben muß, wo der Motor quer zum Chassis montiert ist. Nun, der Panther hat sie auch, aber bei ihm ist sie an den Rahmen geschweißt und nicht geschraubt. Was haben die Leute sich dabei bloß gedacht! Im ursprünglichen Modell war sie natürlich geschraubt, aber die Schweißung sollte angeblich eine *Verbesserung* sein. Haben Sie Worte? Die Kugellager halten ja nicht alles aus, und die V-12-Maschine ist kein Leichtgewicht. Bis jetzt ist ja noch nichts passiert – aber was nicht ist, kann noch kommen. Eines schönen Tages wird der ganze Motor in der Maschine ins Rutschen kommen! Aber nicht in meiner! Raten Sie mal, wieso nicht!«
»Vielleicht haben Sie sie mit Uhu-Zweischichtkleber festgeklebt?

»Ach! Sehr witzig, Jane. Nein, ich habe rechts und links vom Kühler zwei Winkelstähle anschrauben lassen. Eine ganz einfache Sache. Das hätte man ohne weiteres von vornherein machen können! Raten Sie mal, was es gekostet hat!«
Es wäre schön, die Szene damit enden zu lassen, daß das Mädchen »Eine Million Dollar!« antwortet und ihn mit einer Bronzeplastik der Venus von Milo erschlägt. Tatsächlich aber würde sie betreten zugeben, daß sie keine Ahnung hat.
»Vierzehn Dollar und fünfzig Cent!«
Sie weiß ebensowenig wie Catherine Morland, ob das billig oder teuer ist. Um sicherzugehen, ruft sie aus: »Ist das wahr? Du meine Güte!«
»Ich schwöre Ihnen, mehr hat es nicht gekostet. Und dafür habe ich einen sozusagen völlig anderen Wagen. Nächstes Jahr verkaufe ich ihn natürlich und kaufe mir vielleicht einen Puma-Porpise. Kennen Sie schon das neue Modell, Typ F?«
Sie hat noch nie etwas von dem Puma-Porpise gehört und hat sowieso nur den einen Wunsch, zu flüchten. Das wollen wir ihr menschlicherweise erlauben und damit die Szene beenden. Hoffen wir, daß jetzt ein lautstarker Autofachmann auftritt, der die letzten Worte gehört hat.
»Den Puma-Porpise?« ruft er aus. Kein vernünftiger Mensch, nicht mal du, George, würde einen P-P fahren. Mensch, sei doch nicht kindisch! Der Typ F ist so schlecht konstruiert, daß er nächstes Jahr auf dem Schrotthaufen liegt. Hör dir das mal an, Bill – George hier will sich ausgerechnet einen P-P-Typ zulegen!« Während die anderen Männer sich um ihn scharen, geht Jane ab und denkt mit Schaudern daran, wie entsetzlich es wäre, einen Autofachmann geheiratet zu haben.

Wir alle sind, ob aus eigener Anschauung oder durch Lektüre, mit dem modernen Phänomen der Schloßbesichtigung vertraut. Scharen von Menschen mit schmerzenden Füßen werden durch Bankettsäle und Galerien getrieben zu der monotonen Litanei eines Führers, wie etwa: »Über dem Marmorkamin hängt das Porträt des Siebenten Earl, von Raeburn gemalt. Zwischen den Fenstern steht eine Statue Johannes des Täufers von Basta Pasta, die 1678 für den Fünften Earl angefertigt wurde. Der Globelin ist flämischer Herkunft und stellt Moses im Binsenkorb dar ...« In der Nähe des Eingangs sitzt der Schloßbesitzer persönlich und verkauft Broschüren zu einsfünfzig das Stück. Angesichts dieses Gewerbes (mag es auch noch so gut gehen) empfinden wir vielleicht ein flüchtiges Mitleid mit den Großgrundbesitzern, deren Häuser auf diese Weise zur Besichtigung freigegeben sind. Eins aber steht fest, daß nämlich ein Haus, das nie besucht wird, kaum lohnt, in Betrieb gehalten zu werden, außer in der primitivsten Weise. Denn auch das allergewöhnlichste Haus verlangt in der gleichen Weise besucht zu werden, wie ein Buch gelesen werden will. Der Künstler braucht ein Publikum, und das Theaterstück, das nie aufgeführt wurde, ist nicht einmal ein Stück. In diesem Sinn muß die Hausfrau auch stets Gastgeberin sein, will sie ihre Kunst ausüben und sie zur Schau stellen. Sie weiß auch, oder wird es allmählich einsehen, daß es damit bergab geht, wenn sich keine periodischen oder besonderen Gelegenheiten ergeben, für die man sich besonders anstrengen muß. Der Besuch der Schwägerin (eine kritische Dame) veranlaßt sie dazu, ihre Gartenmöbel zu streichen. Das Mittagessen für ihre alte Schulvorsteherin bewegt sie aus irgendeinem Grund dazu, sich als fähige und erfolgreiche Frau präsentieren zu wollen. So verdoppelt sich die Anstrengung der Hausfrau, sobald ihr Gäste ins Haus stehen. Aber mit der Vorstellung von Gastfreundschaft verbindet sich zweierlei, einerseits will man imponieren, andrerseits den Eindruck völliger Mühelosigkeit erwecken, die Gastgeberin muß indirekt andeuten, daß alles ganz selbstverständlich ist und keine besonderen Vorbereitungen gemacht wurden. Wortlos gibt sie zu verstehen, daß der Tisch immer auf Hochglanz poliert, das Zimmer immer so aufgeräumt ist und die Orchideen in die erstbeste Vase gestellt wurden. Sie weiß, daß auch nur die Andeutung einer auf Wirkung bedachten Anstrengung ihr Bild sogar bei Menschen zerstören würde, die genauso gut wie sie wissen, daß Erfolg nur durch Anstrengung erreicht werden kann.

Angenommen also, ihr Heim ist bis in die letzte Kleinigkeit makellos eingerichtet. Jetzt ist es soweit, Freunde und Nachbarn einzuladen, und um denen zu imponieren, muß sie sorgfältig planen und stundenlang arbeiten. Arbeit kann entweder künstlerisch oder subaltern sein, je nach Einstellung des einzelnen zu seinen Pflichten. Für die uninteressierte und aufsässige Haushaltshilfe ist Arbeit etwas, das irgendwie geschafft werden muß, wofür sie Geld empfängt und sich dann hinterher ausruhen darf, während die echte Hausfrau und Gastgeberin darin die Gelegenheit sieht, zu zeigen, was sie kann. Wie zwischen dem Künstler und dem Lohnsklaven liegt der Unterschied nicht in der Natur der Arbeit, sondern in der Art, wie sie darauf reagieren. Es gibt kaum etwas, das ein Gehaltsempfänger tut, was nicht ein anderer (zumindest vorübergehend) für eine Wette täte. Es gibt kaum eine unbequeme Arbeit, die wir kennen, die nicht ein anderer als Abenteuer betrachten würde. Arbeit unterscheidet sich nur insofern von einem Zeitvertreib, als sie weitergeht, nachdem wir genug davon haben; und selbst beim Spiel kann das eintreten. Daher besteht eines der Geheimnisse der Zufriedenheit darin, alles auf künstlerische Weise anzupacken. Tischendecken kann Spaß oder Plage sein, je nachdem wie die Hausfrau es auffaßt. Männer sind in dieser Hinsicht nicht so gut daran, da ihre Möglichkeiten zu eigener Initiative im allgemeinen begrenzter sind. Vielleicht, wahrscheinlich sogar, gibt es eine künstlerische Form der Buchhaltung, aber auf den ersten Blick bietet sie dazu weniger Möglichkeit als das Tischdecken. Als Gastgeberin aber kann eine Frau ihre Kunst zugleich darbieten und verschleiern, ihre Nachbarn beeindrucken und ihren Freunden grenzenlos imponieren. Ohne Gäste wäre ihr Heim notgedrungen vernachlässigt und ihr Leben unvollkommen. Hausfrau sein bedeutet zugleich Gastgeberin sein.

Ein Herzog, der zu Anfang des Jahrhunderts eine Rolle spielte, hatte angeblich 400 Hausangestellte und ebenso viele im Außendienst, die 1200 Hektar Land, die nur eines der Schlösser umgaben, und in dem er vielleicht vorübergehend residierte, zu betreuen hatten. Hausangestellte bekamen damals durchschnittlich ein Pfund im Monat, und ein einigermaßen wohlhabender Haushalt beschäftigte nicht weniger als zehn Dienstboten. Ferner sollen die Gäste, die der Herzog regelmäßig zum Wochenende (mit Diener oder Kammerzofe, je nachdem) einlud, selten vom Gastgeber empfangen worden sein. Es war sogar sehr die Frage, ob sie ihn überhaupt zu Gesicht bekommen würden. Seine Privatgemächer lagen in einem entfernten Flügel, und nur wenige seiner Gäste wurden

dorthin eingeladen. Die übrigen erfreuten sich an der gegenseitigen Gesellschaft und an einem gelegentlichen Blick auf den Herzog auf der Rennbahn. Für die meisten von uns ist Gastfreundschaft heute etwas anderes. Zwischen uns und dem Herzog besteht sogar ein großer Gegensatz, da wir möglicherweise mehr Herzlichkeit, aber bestimmt sehr viel weniger Haushaltshilfe zu bieten haben. Nichtsdestoweniger können wir vom Herzog ein Prinzip der Beziehung zwischen Gastgeber und Gast lernen. Außer für einen sehr kurzen Aufenthalt muß eine gewisse Absonderung stattfinden. Warum? Weil eine Gastgeberin mit geringer oder gar keiner Hilfe nicht imstande ist, die Fiktion aufrechtzuerhalten, daß ihre Gastfreundschaft mühelos ist. Ihren Gästen zuliebe mußte sie ihren gesamten Haushalt umorganisieren, und ihre Arbeit wird noch über das Wochenende hinaus notgedrungen zur Sklaverei. Unter den obwaltenden Umständen ist das erste Gebot der Gastfreundschaft die Zurverfügungstellung eines getrennten Gästeflügels oder eines Häuschens mit eigenem Badezimmer und Kochnische. Nicht jedermann kann sich das leisten und nicht jedermann möchte es, aber sofern man Hausgäste für länger als einige Tage will, wäre es ratsam. Durch einen mißglückten Hausbesuch werden Freundschaften eher ruiniert als gefestigt.
Wer nicht auf Hausgäste eingerichtet ist, kann dennoch seine Freunde zum Essen einladen, was wahrscheinlich jeder gern möchte. Aber wie viele sollen es sein? Diese Frage führt uns zum Tisch und der Tischordnung zurück. Wir wissen, wie Gastgeberinnen mit Papier und Bleistift hin und her probieren: »Wenn wir nun George *dorthin* und seine Frau *hierher* setzen, ich gegenüber sitze und Tony am Tischende – aber dann kommt Michael neben seine Frau – *geht* auch nicht . . .« Die Tischordnung bietet ein echtes Problem, da sie auf eine Schloß-Tradition zurückgeht, mit einem Podium am Ende des Saals. Der hohe Tisch, wie er im Universitätsleben noch immer heißt, wurde auf das Podium gestellt, das quer zum Saal stand. Zu beiden Seiten standen Bänke, aber dort, wo keine Bank Platz hatte – am Ende des Tisches –, ein Stuhl in der Nähe des Solariums des Schloßherrn. Von dieser Anordnung stammt die gesamte englische Tradition des Komitee-Wesens, denn der Vorsitzende wurde, weil er auf dem Stuhl saß, Chairman genannt. Wie es noch heute der Master eines Colleges tut, blickte er von seinem Platz aus durch ein Spalier von Menschen, von denen die eine Hälfte mit dem Rücken zum Saal, die andere mit dem Rücken zur Wand saß. So ist in England die Tradition erhalten geblieben, daß der Platz an der Spitze der Tafel dem

Hausherrn gehört. Es gibt jedoch eine andere Anordnung, nach welcher der Stuhl in die Mitte der Tafel gerückt wird, die anderen Sitze ihn flankieren und alle in den Saal hineinsehen, ein Brauch, der später eingeführt und bei Banketten sowie auch in Mädchenschulen angewandt wurde, wo es auf gute Haltung ankommt. Mit dieser Abwandlung brauchen wir uns aber hier nicht zu befassen.

Die traditionelle Sitzordnung hat soziologisch verschiedene Folgen gehabt. Erstens entsprach die Länge des Tisches annähernd der Breite des Saals, die wiederum der Länge eines Baumstamms entsprach, der ursprünglich als Querbalken verwendet wurde, also etwa 9 Meter. Läßt man an jedem Ende (sagen wir) 61 cm frei und räumt für jede Person etwa 62 cm Platz ein, so ergeben sich auf jeder Seite elf Sitzplätze und insgesamt vierundzwanzig. Ob das nun die normale Anordnung war, sei dahingestellt, aber die Zahl 6 und 12 kam in Umlauf, denn Messer und Teller werden immer noch im halben Dutzend oder im Dutzend verkauft. Zweitens war der Tisch zu lang für eine allgemeine Unterhaltung. Auch wäre ein allgemeines Gespräch nicht ratsam gewesen, denn mit der Zahl der Anwesenden verband sich eine alters- und ranggemäße Abstufung. Sechs Personen besprachen vielleicht Staatsgeschäfte mit dem Schloßherrn. Andere, unwichtigere aber schwatzten über ihre eigenen Angelegenheiten, und die jungen Männer gruppierten sich am Ende der Tafel, wo ihre unpassenden Witze unter ihnen blieben. An einer solchen Tafel gibt es nicht nur eine, sondern etwa vier Gruppen, die sich vom Alter zur Jugend, von Gemessenheit zur Frivolität abstufen. Als Anordnung bietet das eine herrliche Möglichkeit zur Diskriminierung und Insultierung, da »unten« gerade diejenigen gesetzt werden, die höher sitzen wollen. Aber die ganze Idee beruht auf einem langen, drei Planken breiten Tisch, deren Enden sich außer Hörweite befinden, und (schließlich) auf der Zahl 12 oder 6.

Mit dieser englischen Tradition vergleiche man die völlig entgegengesetzte von China oder Japan. In jedem dieser außerordentlich kultivierten Länder hat der Tisch rund zu sein. Weshalb? Weil bereits vor langer Zeit (wahrscheinlich seit Konfuzius) darauf hingewiesen wurde, daß ein runder Tisch nötig ist, wenn alle Anwesenden das Hauptgericht mit ihren Eßstäbchen erreichen sollen. Ebenso wurde (zweifellos seit Mencius) festgestellt, daß ein runder Tisch für mehr als zehn Honoratioren einen übertrieben großen Durchmesser hätte und dadurch die Schüssel zu weit vom Rande entfernt wäre, insbesondere für Kurzarmige. Deshalb beschränkt sich ein chinesisches Essen vorzugsweise auf zehn Personen. Dasselbe gilt für eine japanische Sitte, wo zwar nur fünf Gäste eingeladen werden, aber jedem Gast eine Geisha beigestellt wird, macht also zehn. Da für die Mädchen aber keine Gedecke aufliegen, bleiben fünf Personen das angemessene Maximum. Daher werden im Fernen Osten Teller, Schalen und Tassen in Sätzen von 5 Stück verkauft. Dort lassen die bestehenden Bräuche darauf schließen, daß die Tischgesellschaft zugleich kleiner und größer ist, als der in England herrschende Brauch. Es sitzen zwar weniger Menschen an einem Tisch, aber es können sich mehr am Gespräch beteiligen. Zwischen den Anwesenden herrscht eine gewisse Gleichheit, und keiner muß »unten« sitzen. Kenner der Arthur-Legende wissen, daß der kreisförmige Tisch ein Hauptmerkmal von Camelot war, aber die Mitte war ausgeschnitten, um Platz für Dienerschaft und Divertimenti zu bieten. Der runde Tisch, wie wir ihn heute kennen, wurde erstmalig von englischen China-Reisenden erblickt, die ihn im 18. Jahrhundert zusammen mit Tee und Porzellan nach England einführten. Dieser Wechsel im Möbelstil ging Hand in Hand mit einer veränderten Gesellschaftsform und betonte ihn noch. Haushaltsangehörige, die früher unten gesessen hätten, mußten nun von vornherein an einem anderen Tisch sitzen. Die Gesellschaft strukturierte sich um, und der runde Tisch löste die herkömmliche lange Tafel ab. Um die Sache noch mehr zu komplizieren, führten die Viktorianer einen viereckigen oder rechteckigen Tisch ein, womit sie geschickt sämtliche Nachteile der vorhergehenden verbanden.

Die heutige Generation der Gastgeberinnen hat die Wahl zwischen der langen und der runden Tafel, zwischen der Grundzahl 6 oder 5. Soll die Zahl der Tischgesellschaft 5, 6, 8 oder 12 betragen? In vergangenen Zeiten, wo man, ohne mit der Wimper zu zucken, eine weit größere Zahl in Aussicht nahm, wurde das Mahl von einem zahlreichen Dienstpersonal bereitet, angerichtet, serviert und abserviert. Unter den heutigen völlig veränderten Umständen wissen wir, daß wir höchstens für zwölf Personen Eßgeschirr, Gläser, Messer und Gabeln haben. Aber wie viele sollten es eigentlich sein? Die Zahl 4 oder 5 dürfte ausscheiden, da sie für ein richtiges Diner gar nicht ausreicht. Bei sechs Personen mag das Gespräch noch allgemein sein, aber es tendiert dazu, sich in Dreier-Gruppen aufzulösen. Mit acht Personen läßt sich keine »bunte Reihe« herstellen. Da muß jede Gastgeberin auf der Seite sitzen und ihren rechtmäßigen Platz an einen Gast abtreten, der vielleicht ersucht wird, den Blumenkohl oder Spargel herumzureichen. Gesellschaftlich gesehen sind acht Personen höchstens an einem ovalen Tisch zu akzeptieren. Wie ist es mit zwölf Personen an einer langen Tafel? Sie werden sich nahezu unvermeidlich in zwei Gruppen von sechs oder gar drei von vier auflösen. Bleibt also die richtige Zahl von zehn, mit vier Personen auf jeder Seite und Gastgeberin und Gastgeber auf ihren angestammten Plätzen. Bei zehn ist ein allgemeines Gespräch gerade noch möglich, selbst wenn sie sich die meiste Zeit in zwei Fünfer-Gruppen auflösen. Wenn überdies das Eßgeschirr für zwölf Personen berechnet war, so erlaubt eine Gesellschaft von zehn es auch, daß einmal ein Teller entzweigeht. Abgesehen von allem anderen sollten wir wahrscheinlich am besten zehn Personen zum Diner einladen.

Sollen wir uns für ein Diner umziehen? Das hat in einem dienstbotenlosen Haushalt den Vorteil, daß es die Gäste davon abhält, ihre Hilfe anzubieten. Im allgemeinen ist ihre Hilfe unerwünscht, weil keine Zeit dafür da ist, ihnen mitzuteilen, wo sich alles befindet. Dagegen aber spricht, daß das Umziehen eine größere Belastung für die Gastgeberin und möglicherweise sogar für den Gastgeber bedeutet. Nach Stunden hektischer Tätigkeit sollte (theoretisch) die Hausfrau makellos angezogen, frisiert, manikürt und parfümiert sein, um, die Treppe heruntersteigend, ihre Gäste zu begrüßen. Sie muß den Eindruck erwecken, daß sie das Essen selber zubereitet und sie zwei Stunden (statt zehn Minuten) Zeit gehabt hat, zu baden und sich umzuziehen. Das vermag keine Hausfrau zu erreichen und kein Gast zu glauben. Die meisten von uns schließen vielleicht daraus, daß wir mehr erreichten, wenn wir weniger anstrebten. Begnügen wir uns mit einer schlichteren Form, so geben wir andeutungsweise zu, daß wir bis zum letzten Moment gearbeitet haben. So entspannt, wie wir sein mögen, wenn die ersten Gäste eintreffen, tun wir nicht etwa so, als hätten wir den ganzen Tag nichts getan. Die Hausfrau weiß, daß sie wieder verschwinden muß, und hinterläßt ihren Mann als Barmann, während sie sich dringend um die Suppe kümmern muß. Wenn sie gelassen nach einiger Zeit zurückkommt, verkündet sie, daß angerichtet ist.

Es gab eine Zeit (etwa um 1913), da ein Menü etwa folgendermaßen ausgesehen hätte:

Klare Gemüse-Bouillon
Spargelcreme-Suppe
*
Gedünsteter Steinbutt
Hummern-Sauce
*

Kalbskotelett Provencial

*

Roastbeef

*

Blumenkohl *Neue Kartoffeln*

*

Gekochtes Huhn & Schinken

*

Pflaumentorte mit Vanillesauce

*

Maraschino-Gelee

*

Dessert *Kaffee*

*

Es ist interessant, festzustellen, wie sehr sich die Bräuche wandeln. Als die Menschen noch zu Fuß gingen, ritten oder radfuhren, waren sie noch imstande, ein solches Mahl zu verzehren. Im Zeitalter der Motorisierung haben wir die Fähigkeit dazu verloren. Nach einem Krebsschwanz-Cocktail, einem Kotelett und einer Nachspeise vermögen wir nur noch einen Kaffee zu uns zu nehmen. Aus Angst vor der Waage essen wir vorsichtig von einer kleinen Portion und weisen eine zweite von uns. So haben vielleicht nicht die Leute gegessen, die ein Imperium eroberten, aber immerhin erleichtert es die Aufgabe der Gastgeberin und Köchin. Auf dieser Basis ist es ihr gerade noch möglich, zwei Rollen zu spielen, zu verschwinden und wieder aufzutreten, je nachdem es die Gelegenheit erfordert. Ein Problem bleibt jedoch. Sollen die Damen sich zurückziehen und die Männer beim Portwein zurücklassen, oder sollen sie alle zusammen zum Kaffee und Cognac den Salon aufsuchen? Darüber gibt es zwei verschiedene Theorien, wobei einiges von der sogenannten Topographie des Hauses abhängt. Indessen gibt es physiologische Gründe für die Trennung, und einiges, was für den Portwein spricht, vorausgesetzt, es besteht eine Alternative für diejenigen, die davor zurückscheuen. Wenn der Erfolg eines Diners darin besteht, daß alle einander kennenlernen, ist eine vorübergehende Trennung der Geschlechter durchaus begründet; insbesondere, damit die Männer sich kennenlernen, die sich bisher nur mit den Damen unterhalten haben. Dagegen könnte allerdings sprechen, daß die Geschlechter sowieso geneigt sind, sich voneinander abzusondern, und diese Neigung nicht unbedingt einer Ermutigung bedarf. Abschließend möchten wir sagen, daß es letzten Endes auf die Zusammensetzung eines Diners ankommt, so daß die Regel durchaus nicht für alle gilt. Wenden wir uns jetzt der heute gebräuchlicheren Form von Geselligkeit zu: der Cocktail-Party – der einzigen Art, in der wir heutzutage viele Menschen auf einmal einladen können. Historisch gesehen, ist der Cocktail ein Getränk, das vor dem Essen getrunken wurde. Er nahm unter dem Alkoholverbot in den USA an Bedeutung zu, als Wein bei Tisch verboten war, aber *einige* der Gäste in einem anderen Raum, unbeobachtet von denen, die sich durch Amt oder Glauben von ihnen unterschieden, ihren Alkohol zu sich nehmen durften. Wein ist an der amerikanischen Tafel noch immer die Ausnahme, während die (weit alkoholhaltigeren) Getränke vor dem Essen an das einstige Alkoholverbot erinnern. Man erkannte sehr bald, daß die Cocktail-Party von Leuten besucht werden konnte, die woanders zum Essen eingeladen waren und dadurch Gegenstand einer getrennten Einladung wurden. Und zu guter Letzt wurde das große Diner für die meisten unmöglich, so daß die Cocktail-Party selbständig wurde. Die chinesische Übersetzung für Cocktail-Party heißt buchstäblich: »Zwei Stunden Stehen« und trifft damit den Nagel auf den Kopf. Für die Cocktail-Party ist es wesentlich, daß man steht und zirkuliert. Bei einem improvisierten Zusammensein oder einer unerwartet kleinen Gästeschar stellt die Hausfrau zuweilen fest, daß die Sitzgelegenheiten für alle reichen. »Warum setzten wir uns nicht?« fragt sie munter, worauf man in ihre Sessel sinkt. Die wirkliche Antwort darauf hätte keiner zu geben gewagt, nämlich: »Weil es dann keine Cocktail-Party mehr wäre.« Das ist es auch nicht mehr, weil aus schierer Höflichkeit alle angewurzelt auf ihren Plätzen verharren. Der junge Mann, der neben Mrs. A Platz genommen hat und sich nach zehn Minuten erhebt, deutet wortlos damit an: »Sie langweilen mich, und ich möchte mich lieber mit dem hübschen Mädchen am Fenster unterhalten.« Hinzu kommt, daß die Struktur des modernen Sessels den Akt des Aufstehens zu einer sichtbaren Anstrengung macht. Der junge Mann, der von Mrs. A fortstrebt, muß seine Flucht mit einer gemurmelten Entschuldigung erklären, daß er sie nicht länger mit Beschlag belegen dürfte. Sie aber kann nicht damit rechnen, daß jemand anderer seinen Platz neben ihr einnimmt. Aus Selbstverteidigung muß sie womöglich selber aufstehen und damit die Anwesenden erneut in Bewegung bringen. Wenn Bewegung herrscht, ist es leicht, sich einem Gespräch zu entziehen, das lange genug gedauert hat. Während man mit Mrs. A spricht, erblickt man plötzlich Colonel B. »Hallo, John!« ruft man begeistert aus. »Ich habe Sie ja schon seit Monaten nicht mehr gesehen. Sind Sie verreist gewesen?« Unsere Begeisterung über das Treffen mit B ist unsere Ausrede für unser Verlassen von Mrs. A, die ihrerseits C erspäht hat, dessen gemeinsame Interessen mit D sich etwa im selben Augenblick erschöpft haben. Herumstehen und Zirkulieren mag ermüdend sein, aber nur so läßt sich eine Cocktail-Party bewältigen. In dieser Form der Geselligkeit ist Bewegung das Hauptprinzip, und der Alkohol kommt erst an zweiter Stelle.

Unser nächstes Problem bezieht sich auf die Zahl der Einzuladenden. Manche Gastgeberinnen werfen nur einen Blick auf ihren Terminkalender, der besagt, daß sie 17 Ehepaaren eine Einladung schulden, so daß nach dem durchschnittlichen Prozentsatz von Absagen 28 Personen erwartet werden und 24 tatsächlich erscheinen. Diese Gastgeberinnen sind jedoch nicht vorbildlich, da sie höchst unwissenschaftlich vorgehen. Vielmehr sollte man von der Höchstzahl ausgehen, für die Raum und Parkplätze zur Verfügung stehen und die, nehmen wir einmal an, 80 beträgt. Danach überlegen wir, welches das Minimum für eine erfolgreiche Party ist. Um diese Zahl zu errechnen, müssen wir bedenken, daß bei zu wenigen Gästen sich das Gespräch rasch erschöpft, weil wir, wenn wir die Runde machen, zu bald wieder bei dem ersten Gesprächspartner ankommen. Der Kreis ist zu klein, und nach 50 Minuten fällt uns ein, daß wir noch woanders eingeladen sind. Das Stimmengewirr verebbt, ein Wagen nach dem anderen fährt ab. Um 20.10 Uhr sind die Gastgeber wieder allein. »Ich glaube, das Fest war gelungen«, sagen sie hoffnungsvoll und wissen ganz genau, daß es mißlungen war. Es waren viel zu wenig Gäste da, um einander mehr als anderthalb Stunden unterhalten zu können. Wo also liegt das Minimum? Es spielt zwar eine Rolle, ob die Gäste sich kennen, aber die Forschung hat ergeben, daß Cocktail-Party-Gespräche durchschnittlich etwa drei Minuten dauern. Die Leute, die sich eine Viertelstunde lang mit A unterhalten, sind gewöhnlich gerade diejenigen, die B mit einer freundlichen Kopfbewegung abtun, um sich C zuzuwenden. Damit bleibt der Durchschnitt normativ, und für eine zweistündige Party werden mindestens 40 Gäste benötigt. Daher liegt die Bestzahl zwischen 80 und 40. Ist es möglich, genauer zu sein? Jawohl, möglich und notwendig. Denn wenn auf einer Party von 40 Personen jeder jeden kennenlernt, kann er das nicht mehr auf einer Party von 80 Personen. Er hat zum Schluß das Gefühl, nur die Hälfte der Gäste getroffen zu haben und dem Hauptgast nur am Rande vorgestellt worden zu sein. Das mag zu der Annahme verführen, daß sogar siebzig Personen zuviel sind. Dagegen spricht, daß eine Höchstzahl von 45 Personen nur für diejenigen sorgt, die einander *nicht* treffen wollen, entweder, weil sie sich nicht ausstehen können oder weil der Altersunterschied zu groß ist. Daher sollte man nicht mehr und nicht weniger als 50 Personen einladen, unter der Voraussetzung, daß sich 50 einfinden werden. Und während diejenigen, die sich kennen, etwa 40 an der Zahl sein dürfen, enthalten die besten Parties 10 oder 12 Neuhinzugezogene oder Durchreisende. Die Party darf nicht genauso sein wie die letzte, zu der man eingeladen war, mit denselben Menschen in einem anderen Milieu.

Die gelungene Cocktail-Party verlangt einen Kern von sechs Menschen. Diese kümmern sich um das Parkproblem, die Garderobe, die Begrüßung der Gäste, die Getränke, den Imbiß und die Zusammenführung der Gäste. In der Praxis müssen diese Aufgaben zuweilen verdoppelt oder außer acht gelassen werden. Wo genügend Parkplatz vorhanden ist, kann man das Parken den Gästen überlassen. Im Winter zum Beispiel hat der Gastgeber mit der Garderobe mehr zu tun als im Sommer. Die gleiche Person kann sich unter Umständen mit den Käsestangen und Martinis befassen. Falls aber die Gastgeber keine Hilfskräfte zur Verfügung haben, begrüßt die Hausfrau die Gäste, und der Hausherr betätigt sich als Barmann. Theoretisch dürfen die Gäste parken, wo sie wollen, ihren Nerz auf dem nächsten Stuhl ablegen und instinktiv die Toilette finden. Theoretisch kann die Hausfrau nach Begrüßung sämtlicher Gäste unbehindert zirkulieren und die geräucherten Austern herumreichen. Leider aber trifft der letzte Gast erst 15 Minuten bevor sich der erste Gast verabschiedet ein. Noch dazu können, während die Begrüßungen an der Tür fortgesetzt werden, die entsetzlichsten Dinge unter den bereits Angekommenen passiert sein. Die arme Mrs. X, eine Witwe, ist in einer Ecke der Halle gestrandet. Mr. und Mrs. Y, die keine Seele kennen, unterhalten sich miteinander in einer anderen Ecke. Und mit dem Ehrengast, dem Bischof von Z, spricht überhaupt kein Mensch. Bei den Türen, die auf die Terrasse gehen, hat jemand aus Versehen ein Glas zerschlagen und auf dem Teppich ein Minenfeld von Glassplittern hinterlassen. Dr. Alpha, der früh eintraf, um auf eine andere Party gehen zu können, entdeckt, daß sein Sportwagen durch Mrs. Omegas Jagdwagen eingeklemmt ist. Aus der Küche dringt der Geruch von angebranntem Toast, und das Entree ist halb verstopft von Mänteln, die von ihren Stühlen gefallen sind. Als der letzte Wagen abgerauscht ist, sinken die Gastgeber, jeder mit einem kräftigen

Whisky, in die Sessel. »Wir haben es geschafft ...«, sagen sie, und in gewisser Weise stimmt das auch. Aber was hat das an Blut, Schweiß und Tränen gekostet! Jeder mag die Arbeit von dreien geleistet haben, aber was nützt das schon, wenn die Arbeit eine gleichzeitige ist? Was sie anstrebten, war einfach nicht möglich.

Der Erfolg der Gastfreundlichkeit auf diesem Gebiet läßt sich auf zwei Arten messen: erstens nach der Lautstärke und zweitens nach der Uhrzeit, um welche die Leute aufbrechen. Eine Party von der richtigen Zusammensetzung und der richtigen Zahl, der die richtigen Getränke und in richtigen Abständen der nötige Imbiß geboten wird, läßt ein Stimmengewirr entstehen, das 90 Minuten nach ihrem offiziellen Anfang den Höhepunkt erreicht. Diesen Lärm kann man nach Phon berechnen, und nach ihm läßt sich der Erfolg der Party einigermaßen bemessen. Hinzu kommt jedoch eine andere Test-Möglichkeit, für welche nur die Uhr benötigt wird. Falls die Party um 18.30 Uhr beginnt, sollte der letzte Gast um 19.15 Uhr eingetroffen sein, der Lärm seinen Höhepunkt um 20 Uhr erreicht und die ersten sich bald darauf verabschiedet haben. Die ersten Verabschiedungen bedeuten nichts, da diese Gäste andere Verabredungen haben, zu denen sie ohnehin zu spät kommen. Hauptsache ist, ob diese Leute einen allgemeinen Aufbruch veranstalten. Wenn das geschieht und der letzte Gast etwa um 20.10 Uhr das Haus verläßt, muß man die Party als mißlungen betrachten. Die wirklich gelungene Party wirkt wie ein Magnet, von dem die Eisenteile mit Gewalt entfernt werden müssen. Die frühen Verabschiedungen werden nicht bemerkt, und der Lärm hat sich um 20.15 Uhr kaum vermindert. Manche gehen um 20.30 Uhr, aber eine Reihe – sozusagen die Kerntruppe – ist noch um 21 Uhr laut und betriebsam, und die letzten gehen etwa um 21.10 Uhr. Wenn die Party so verläuft, verdient sie das Prädikat »gelungen«.

Was aber, wenn sich das Fest noch länger ausdehnt? Gewisse Einwohner von Singapore dürften sich sehr wohl an einen entsprechenden Fall erinnern, eine Cocktail-Party, die vor einigen Jahren auf dem flachen Dach eines Hauses in Sepoy Lines stattfand. Es mögen ursprünglich 100 Gäste gewesen sein (da an Dienstboten kein Mangel herrschte), die fast alle um 19 Uhr eingetroffen waren. Über die Hälfte war um 21 Uhr immer noch da, als man anfing, Essen aufzutragen, Hühnerbeine und Curry-Fleisch-Spießchen, nach malaiischer Art, so daß vor 22.30 Uhr kein allgemeiner Aufbruch stattfand. Der Gastgeber, ein unverheirateter Anatomieprofessor, hatte inzwischen etwa ein Dutzend Männer um sich geschart, die sich so interessant unterhielten, daß Mitternacht längst vorbei war. Mit Whisky als ihrer Haupt-Inspirationsquelle erreichten sie die letzte (oder theologische) Phase der Trunkenheit. (Aus technischen Gründen, auf die einzugehen sich erübrigt, lagen sie inzwischen alle auf dem Fußboden). Um 3 Uhr waren sie selbstverständlich bei den Rätseln des Universums angelangt, die sie um 4.10 Uhr gelöst hatten, und bald danach fanden sie, daß es Zeit sei, nach Hause zu gehen. Am anderen Tag zirkulierte das Gerücht, der Gastgeber habe hinter einem Paravant ein Tonbandgerät versteckt gehabt, und er allein kenne das Geheimnis, das seit den frühesten Tagen der Zivilisation die Menschheit beschäftige. Wenn dem so wäre, so ließe sich sagen, daß dieses Ergebnis die Party mehr als rechtfertige. Es wäre jedoch falsch, zu behaupten, daß die besten Cocktail-Partys bis in die frühen Morgenstunden dauern, denn das traf auf den Fernen Osten in einer bestimmten Epoche zu. Ohne chinesische Diener und malaiische Chauffeure sieht die Sache völlig anders aus. Da diese Unterstützung entfällt, würden die Gastgeber verkatert erwachen und sich einer unvorstellbaren Unordnung gegenübersehen. Kein vorangehender Spaß könnte die Aufgabe, die ihnen jetzt bevorsteht, ausgleichen. Und in dieser Erkenntnis wurzelt die letzte Regel, die für diese Form der Unterhaltung gilt: die Regel, daß alles aufgeräumt sein muß, bevor die Gastgeber sich zur Ruhe begeben. Mag die Arbeit auch noch so unangenehm sein, sie sollte sofort in Angriff genommen werden. Nie darf die Morgensonne erbarmungslos auf Glasscherben und Zigarrenasche, leere Flaschen und Würstchenreste scheinen. Für jeden Haushalt, der auf sich hält, wäre das geradezu verhängnisvoll. Ausschlafen dürfen wir eventuell (da morgen Sonntag ist), aber nur dann, wenn unser Blick beim Erwachen nicht mit Ekel auf den Verheerungen der vergangenen Nacht ruhen muß. Wenn wir auch der Widerstandskraft unserer Großeltern ermangeln, so liegt für eine derartige Dekadenz dennoch keine Veranlassung vor.

Die Gründung einer Familie war früher ein fast unvermeidliches Resultat der Ehe, wobei nur die hohe Kindersterblichkeit eine Überbevölkerung bremste. In primitiven Gesellschaften galten Kinder auch als eine gewisse Sozialversicherung, da angenommen wurde, daß die Kinder für die Eltern im Alter sorgen würden. Heutzutage ist eine größere Wahl gegeben, da Leute vorsätzlich jahrelang oder auf Lebenszeit kinderlos bleiben. Tritt eine Schwangerschaft ein, so ist sie gewöhnlich die Folge elterlichen Beschlusses, die andeutet, daß der Sprößling zumindest ursprünglich gewünscht wurde. Für einen solchen Beschluß hat das betreffende Paar gewöhnlich zweierlei Motive: Die Gattin weiß, daß sie als Frau für zwei Erfahrungen befähigt ist: Ehe und Kindbett. Beide zu erleben, stellt sie in dieser Beziehung jeder anderen Frau gleich, während nur die eine gehabt zu haben sie vielleicht unbefriedigt ließe; und wohl noch mehr, wenn sie weder Gattin noch Mutter wird. Der Gatte indessen muß mit dem Wunsch seiner Frau nach Erfüllung sympathisieren, teils aus Zuneigung und teils aus der Erkenntnis, daß ihre Unzufriedenheit die Ehe ruinieren könnte. Jedoch mag er auch eigene Motive für den Wunsch nach Fortpflanzung haben. Er besitzt vielleicht einen Namen, ein Erbe oder eine Tradition, die er fortsetzen möchte. Das trifft natürlich besonders bei vornehmen Familien zu, aber auch die weniger Hochgeborenen haben vielleicht einen Familienbetrieb oder Grundbesitz und eine sichtlich ererbte Geschäftstüchtigkeit oder Begabung. Aus den verschiedensten, zuweilen ungreifbaren Gründen möchte ein Mann manchmal einen Sohn, und der Pessimist sogar mehrere Söhne, als Absicherung gegen Verschleiß. Im Vergleich zu seiner Frau denkt gewöhnlich der Mann mehr an die Zukunft und nimmt das Baby als notwendiges Übel hin, um später einen Erben zu haben. Vielleicht ist er so vernünftig, zu glauben, daß der Sohn erreichen könnte, was dem Vater nicht gelang. Damit kommt er dazu, mehr an familienbedingte als an persönliche Ziele zu denken. Die Menschenzucht wird in der modernen Welt seltsam vernachlässigt, teils vielleicht, weil die Schlüsse, zu denen wir dabei kommen, unseren gesamten religiösen und politischen Vorstellungen zuwiderlaufen könnten. Es ist ziemlich offensichtlich, daß überragende Fähigkeiten häufig das Ergebnis von Züchtungen aus Zuchtmaterial sind, in welchem jene Fähigkeiten sich bereits gezeigt haben. Der Landarbeiter, der zum Wildhüter aufsteigt, heiratet die Tochter des Dorfpolizisten, und sein ältester Sohn qualifiziert sich später zum Apotheker. Dieser heiratet eine Lehrerin, hat mit ihr Kinder, von denen eines Dentist wird. Der Zahnchirurg, wie er sich zu nennen beliebt, heiratet die Tochter eines Wissenschaftlers und verfolgt mit Stolz die Laufbahn seines zweiten Sohnes, der ein Herzspezialist von internationalem Rang wird. Die zweite Frau des Spezialisten ist die Tochter und Erbin eines erfolgreichen Finanziers, und ihre Kinder können es sich leisten, in die Politik zu gehen. Eines von ihnen endet als Innenminister und kommt als erster Viscount Sowieso in das Oberhaus. Diese Abfolge ist durchaus nichts Ungewöhnliches. Die von der väterlichen Seite ererbte Begabung mag ziemlich konstant bleiben, aber mit jeder Generation kam etwas hinzu, und der (von uns angenommene) Politiker ist tatsächlich außerordentlich fähig. Aber wie geht es weiter? Erschöpft sich der Grundstock der Familie an Energie und Tatkraft mit dem Kabinettminister, so daß er beschränkte und schwächliche Söhne hinterläßt? Oder bestehen Gründe zu der Annahme, daß die nächste Generation noch begabter ausfällt? Darüber wissen wir alle viel zu wenig, da außerdem der Maßstab für den Erfolg sehr umstritten ist. Bekannt ist uns, daß der Sohn eines berühmten Vaters weniger Anlaß zu eigener Anstrengung hat und sich in jedem Fall nicht imstande fühlt, mit vergangenen Leistungen zu konkurrieren. Er neigt eher dazu, die Konkurrenz aufzugeben, die Biographie seines Vaters zu schreiben und eine Frau wegen ihrer Herkunft oder Schönheit zu heiraten und womöglich kinderlos zu bleiben. Da es keine anerkannte Lehre auf diesem Gebiet gibt, glauben wir zumindest zu wissen, auf welche Weise eine Familie zu Ruhm und Macht gelangen kann. Mithin dürfen wir die Tatsache akzeptieren, daß B, der seinen Aufstieg seinem Vater A verdankte, sich verpflichtet fühlt, seinen Sohn C wiederum in eine bessere Position zu bringen. Sein Familienstolz ist zumindest verständlich, und der Vorteil für die Gemeinschaft liegt auf der Hand. Hingegen würde die Fortpflanzung einer Familie, in welcher alle Generationen dumm und faul sind, keinem besonderen Zweck dienen. Das zu fördernde Material ist das Material, das sich verbessert.

Angenommen nun, daß Kinder wünschenswert sind, müssen wir als nächstes ihre Zahl festsetzen. Jeder denkende Mensch lehnt das einzige Kind ab, bestimmt zwei als Minimum, gerade noch ausreichend, um die Bevölkerung auf ihrem heutigen Stand zu erhalten. Eine Familie mit einem Sohn und einer Tochter könnte als ausgewogen gelten, jedoch verläßt man sich dabei zu sehr auf die Überlebenschance des Sohnes. Angesichts der Tatsache, daß eine einzige Krankheit oder ein Unfall die männliche Linie der Familie zum Erlöschen bringen könnte, besteht Grund dazu, für Reserve zu sorgen. Ist diese gegeben, werden wohl die meisten Menschen die Familie für vollständig halten. Vergrößert sie sich, so liegt das meistens daran, daß Töchter vorwiegen, wenn zum Beispiel das zweite (und sogar das dritte) Kind ein Mädchen ist, so daß die Familie nur einen oder womöglich gar keinen Sohn besitzt. So werden zahllose Töchter in die Welt gesetzt, weil Söhne begehrt werden. Die große Familie mit fünf oder mehr Kindern ist jedoch nicht allgemein wünschenswert. Obwohl sie den Kindern eine gute Erziehung zu bieten vermag, geschieht das nur auf Kosten der Eltern. Fünf Kinder mit einer durchschnittlichen Pause von zwei Jahren bedeuten ein Vierteljahrhundert, das mehr oder weniger damit zugebracht wird, Windeln zu wechseln und Schulaufgaben zu beaufsichtigen. Das läßt sich nur mit der Annahme rechtfertigen, daß die Kinder wichtiger sind als die Eltern. Aber wozu diese Annahme? Gewiß gibt es Beispiele, die das beweisen, aber die Theorie, daß Eltern immer für die Kinder leben müssen, ist absurd. Gewiß *könnte* das Kind ein Isaak Newton werden, aber der Vater *könnte* Johann Sebastian Bach sein. Zu folgern, daß jede Generation weniger gelten dürfe als die nächste, ist lächerlich und kann zu nichts führen.

Gewöhnlich kommt das erste Kind zwei Jahre nach der Eheschließung, und dieses Arrangement scheint auch am günstigsten zu sein. Denn eine Ehe, die allein auf Romantik aufgebaut ist, dauert durchschnittlich zwei Jahre, bis der eine oder andere entdeckt, daß jemand anderer noch romantischer empfindet. Daher trifft das erste Kind ziemlich rechtzeitig ein und verleiht einer Partnerschaft, die sich sonst auflösen könnte, eine gewisse Dauerhaftigkeit. Heute besteht bei Ehepaaren keine Tendenz dazu, die Zeit der Kinderlosigkeit zu verlängern, dagegen aber, wie wir gesehen haben, eine Neigung zu früher Heirat, so daß wenige Jungverheiratete die Möglichkeit haben, Interessen außerhalb des Haushalts zu entwickeln. Mit dem ersten Kind zu warten, ist nicht zu empfehlen, weil das die Ehe an sich gefährden würde. Die Braut von heute, die mit achtzehn heiratet und mit zwanzig ihr erstes Kind bekommt, ist für die nächsten zwanzig bis fünfundzwanzig Jahre vorwiegend an Mutterpflichten gebunden. Angenommen, diese Pflichten enden, wenn das Jüngste (etwa) vierzehn Jahre alt ist, ist die Mutter etwa vierzig, wenn sie endlich Zeit für sich hat. Das ist sehr spät, um einen anderen Beruf zu lernen, und sehr früh, um in den Ruhestand zu treten. Manche trösten sich mit der Aussicht darauf, Großmutter zu werden, aber das ist oder sollte keine ausfüllende Beschäftigung für eine Frau in den mittleren Jahren sein. Man könnte jetzt versucht sein zu sagen, daß das Leben Nachteile bietet, vor denen es kein Entrinnen gibt. Aber dieses besondere Problem ist erst neueren Datums und theoretisch nicht ausweglos. Früher übertrugen Eltern ihre Pflichten auf Kinderschwestern, Kindermädchen, Gouvernanten und Hauslehrer. In den unteren Schichten der Gesellschaft kamen Kinder schon mit sieben Jahren in eine Lehre oder mußten sogar schon als Fünfjährige zur Arbeit gehen. Daß Eltern für die Erziehung ihrer Teenager-Kinder verantwortlich zu sein haben, ist ein Konzept des zwanzigsten Jahrhunderts. Ein Viktorianer vermerkt in seinem Tagebuch, daß sein Vater nur ein einziges Mal mit ihm gesprochen habe. Ein anderer Viktorianer lobte ein vorbeigehendes Kindermädchen wegen der Gepflegtheit ihrer Schützlinge und erfuhr bei dieser Gelegenheit, daß die Kinder – die er nicht erkannt hatte – seine eigenen waren. Pflegeeltern spielten im 18. Jahrhundert eine große Rolle, zum Teil, um Stadtkinder auf dem Lande erziehen zu lassen. Damen, die heute noch leben, sahen von ihren Sprößlingen in deren Kindheit so gut wie gar nichts und erinnern sich ihrer eigenen Eltern nur als einer vagen Macht, die über dem Kinderzimmer schwebte, in welchem sie selber erzogen worden waren. Bei genügendem Hauspersonal sah die Mutter die Kinder vielleicht nur ein paar Minuten täglich, während der Vater das gern überhaupt vermied. Die veränderten Verhältnisse haben zu einem Familienleben geführt, das allmählich als »natürlich« gilt und mit Folgen, die niemand voraussehen konnte. Was den Kindern zum Vorteil oder Nachteil gereicht, kann den Eltern eine schwere Beschränkung auferlegen. Jahre hindurch, ein halbes Leben lang, wird die tägliche Unterhaltung auf das Niveau der Kleinkinder oder Halbwüchsigen herabgedrückt. Das geistige Wachstum der Eltern wird dadurch zum Stillstand gebracht.

Nur wenige erkennen, wie sehr Gespräche uns geistig fördern oder zurückwerfen. Unsere Intelligenz mögen wir unserer Herkunft verdanken, aber ihr praktischer Nutzen steigert sich durch Diskussion. Wir lernen voneinander durch Rede und Gegenrede, durch Spott und durch Logik. Am meisten lernen wir im Umgang mit bedeutenden Menschen, deren Weisheit und Witz uns die Sprache verschlagen. Und im gleichen Maß, wie uns solcher Umgang geistig fördert, verdummen wir durch Gespräche mit voreingenommenen und beschränkten Menschen. Unsere Bemühungen, die Jugendlichen und Unreifen zu unterrichten, ziehen uns schließlich auf deren Ebene hinab. Sie erlangen Reife auf unsere Kosten, denn unsere Anstrengung, ihnen das Abc zu erklären, verhindern uns, IKL zu begreifen. Der Lehrende wird dadurch bestraft, daß er aufhört, sich weiterzuentwickeln. Wir sehen das in der Regel bei Lehrern, deren Schicksal es ist, nie ganz erwachsen zu werden. Es fällt uns nicht auf, daß Eltern unter einem ähnlichen Handikap leiden müssen. Auch sind wir nicht imstande, uns der geistigen Beschränkung bewußt zu werden, die unseren Horizont einengte. Unser Geist, der gemessen werden soll, ist zugleich unser einziger Maßstab. Wir haben keine Möglichkeit, zu beurteilen, wieviel klüger wir unter Umständen geworden wären. Dennoch tun wir nichts dagegen, daß unsere Geistesschärfe ununterbrochen abnimmt. Für die Familientafel der Viktorianer galt die Regel, daß die Erwachsenen redeten und die Kinder zuhörten. Die Gesprächsthemen mögen beschränkt gewesen und gewisse Dinge auf Französisch besprochen worden sein, aber den Kindern wurde die Gelegenheit geboten, etwas zu lernen. Noch dazu hatten sie die Möglichkeit, ihre eigene Unwissenheit zu erkennen und ihren Wortschatz zu erweitern. Heute sind es die Kinder, die reden, und die Eltern, die zuhören, was keiner Partei dient, sondern beiden nur schadet.

Es ist das Schicksal der Eltern, sich täglich das Geschwätz ihrer Kleinen anhören zu müssen. Mit dem Älterwerden entschädigen diese sie vielleicht dadurch, daß sie anregende Fragen stellen. Um sie beantworten zu können, fühlen sich die Eltern vielleicht gezwungen, sich in der Stadtbibliothek zu orientieren. Jahrelang jedoch sind die Fragen auf unterstem Niveau geblieben und verlangten nur eine simple Antwort, und gerade das sind die Jahre, in denen die Eltern sich hätten entwickeln müssen. Das Hauptopfer dabei ist die Mutter, doch darf man nicht denken, daß der Vater überhaupt nicht darunter leidet. Denn während seine Frau auf das Niveau der Kinder heruntergezogen wird, wird er auf das ihre herabgezogen. Nach zwanzig Jahren sind sie geistig vielleicht vollkommen stumpf.

Eine geistige Entwicklung oder der Mangel daran läßt sich mehr oder weniger an der Literatur messen, die sich in einem Haushalt befindet. Sind keine Bücher vorhanden, dürfen wir wohl annehmen, daß es nicht viel zu entwickeln gab. Häufiger jedoch repräsentieren Bücher die Phasen unseres geistigen Wachstums. So mag ein Durchschnittsheim zunächst einmal die Bücher enthalten, die Vater las, als er sich etwa auf den Beruf eines vereidigten Buchprüfers vorbereitete. Ein paar neuere, diesbezügliche Fachschriften mögen, manchmal unaufgeschnitten, hinzugekommen sein. Hat Mutter einmal Hauswirtschaft studiert, so werden bei ihren Lehrbüchern auch einige neu erschienene Kochbücher stehen. Drei bis vier Gedichtbände spiegeln eine vorübergehende Phase aus den Anfangsjahren ihrer Ehe wider, und ein spanisches Wörterbuch erinnert sie an das Jahr, in dem tatsächlich nach Andalusien oder Mexiko gereist wurde. Nach dem Erscheinungsdatum zu schließen, wurden mehrere Jahre lang keine Bücher angeschafft, außer vielleicht über Gärtnerei oder Tischlerei. Dann gibt es die Kinderbücher, inklusive einem Wörterbuch, einem Atlas und einem Kinderlexikon, in welchem die Kinder das nachschlagen können, was die Eltern vergessen oder nie gewußt haben. Zum Schluß haben wir die Paperbacks, die auf Reisen gekauft wurden, hauptsächlich Krimis und vielleicht ein paar Exemplare von *Reader's Digest*. Das wäre etwa die Bibliothek eines durchschnittlichen bürgerlichen Haushalts, und sie beweist den geistigen Stillstand, der von der Geburt des ersten Kindes an eingetreten ist. Nichts zeugt von neuen Interessen oder Geschmacksveränderungen, nichts von einer Passion für Theater oder Geschichte, für Wissenschaft oder Tagesgeschehen. Alles Wissen der Eltern stammt aus der Schule oder der Universität. Nichts deutet darauf hin, daß sie sich für Antiquitäten oder Bildhauerei, Religion oder Ballett interessieren. Es hat den Anschein, daß sie, seitdem sie anfingen, Kinder in die Welt zu setzen, geistig stagnierten.

Ist diese Darstellung übertrieben? Dem ließe sich entgegenhalten, daß die Eltern geistig rege werden, wenn die Kinder im Bett liegen. Ist ein Baby-Sitter vorhanden, können sie in ein Konzert oder ins Kino gehen, sich mit Politik befassen oder eine Briefmarkensammlung anlegen. All diese Möglichkeiten bleiben jedoch für die meisten lediglich Möglichkeiten. Tatsächlich scheint es so, daß abends die Durchschnittsmutter erschöpft ist und der Durchschnittsvater kaum weniger. Daraus ergibt sich mißlicherweise, daß sie ihren heranwachsenden Kindern weniger zu bieten haben. Nachdem sie ihre Zeit und Kraft auf die Kleinen verbraucht haben, haben sie keine neuen Interessen, die sie mit ihnen, wenn sie älter werden, teilen können. Der ideale Vater ist derjenige, der über Steine und Pflanzen redet, über Sagen und Sterne, und dadurch das Leben jedes Kindes bereichert, das gewillt ist, ihm zuzuhören. Die ideale Mutter sollte ihre Tochter dazu führen, Lyrik und Musik, Natur und Kunst lieben zu lernen. Wenn aber die Kinder bereit sind, zuzuhören, haben die Eltern nichts zu sagen. Viktorianische Kinder wurden angeblich gesehen und nicht gehört. Das mag nicht immer der Wirklichkeit entsprochen haben, aber die Vorschrift, daß sie nur sprechen durften, wenn sie angeredet wurden, wurde wohl (in einigen Haushalten) ziemlich konsequent durchgeführt. Der Erfolg war, daß die geistige Entwicklung des Kindes häufig beschleunigt wurde, zumindest nach Entlassung aus dem Kinderzimmer. Die Tatsache, daß sie nur einen Teil von dem verstanden, was gesprochen wurde, war eine nützliche Lehre in Bescheidenheit, ein Mittel zur Erkenntnis, wieviel sie noch zu lernen hatten. Moderne Pädagogen veröffentlichen Kinderbücher, in welchen der Wortschatz auch dem Infantilsten verständlich ist. Ein intelligentes Kind hat viel mehr Spaß an Wörtern, die ihm sinnlos erscheinen, und noch mehr Spaß an Wendungen, die das Gegenteil von dem bedeuten, das sie auszudrücken scheinen. Um seinen Verstand zu üben, braucht das Kind die Gelegenheit, einem intelligenten Gespräch beizuwohnen, von dem es nur einen Bruchteil versteht. Das gibt ihm Stoff zum Nachdenken. Aber eine solche Erziehung beruht auf dem Gesehen-und-nicht-gehört-werden, denn sobald Kinder das Gespräch unterbrechen dürfen, hört es auf, intelligent zu sein, und begibt sich auf die Verstandesebene des Kindes. Die Erlaubnis, mitzureden, raubt den Kindern die Möglichkeit, erwachsen zu werden. Sie können, auch wenn die Schulzeit vorüber ist, noch sehr kindisch sein.

Es mag keine vollkommene Lösung des Problems von Alter und Jugend geben, aber das Internat bietet eine Atempause, die wir nicht außer acht lassen sollten. Wir hören alle möglichen erzieherischen Argumente für und gegen das Internat, aber die meisten berücksichtigen nicht die beiden wesentlichen Vorteile, die eine solche Schule zu bieten hat. Der erste beruht auf der Tatsache, daß die eigenen Kinder am schwersten zu handhaben sind. Mit fremden Kindern kann man bedenkenlos streng sein, man sagt ihnen, was sie zum Abendbrot bekommen, ohne zu fragen, was sie lieber hätten. Man bestimmt die Schlafenszeit ohne Rücksicht auf das Fernsehprogramm und straft sie umgehend, wenn sie frech oder ungehorsam sind. Eltern dagegen können sich nicht entschließen, diese Regeln anzuwenden, obgleich sie ihnen bekannt sind. Sie fragen sich stets, ob das Kind im Zorn auf seine Erziehung zurückblicken und, sobald es aus dem Hause ist, für die Eltern verloren sein wird. Die Angst vor dieser Entfremdung macht die Eltern weit nachsichtiger, als sie es Kindern gegenüber wären, für die kein persönliches Interesse besteht. Die einzige Antwort darauf ist, was man nicht selber tun kann, einem anderen zu übertragen. So brachte die mittelalterliche Praxis, ein Kind mit sieben Jahren in die Lehre zu geben, einen Austausch der Kinder mit sich. Das heutige Äquivalent ist das Internat, wo der Vorteil der Lehrkraft darin besteht, daß sie weder Vater noch Mutter des Schülers ist. Sie braucht sich nicht Zuneigung zu sichern, sondern lediglich Respekt, und verwendet jede strenge Methode dazu, die sich anbietet. Der Erfolg ist Disziplin und Ordnung, wobei der Heimleiter sogar häufig eine Zuneigung genießt, die er auf den ersten Blick kaum verdient zu haben schien.

Wichtiger noch ist, daß das Internat die Zeitspanne reduziert, in der Eltern sich Kindergeschwätz anhören müssen. Bei drei Kindern in Abständen von zwei Jahren läßt sich das Strafmaß von (etwa) zwanzig Jahren auf zwölf Jahre verkürzen. Es kommt die Zeit, da der Vater wieder in den Theater-Klub eintreten und die Mutter sich einen akademischen Grad in modernen Sprachen erwerben kann. Sie können beide ihr unterbrochenes Interesse für Photographie oder Reisen wieder aufnehmen, für Tiefseefischerei oder vielleicht für Golf. Es gibt Ehepaare, die eine solche Möglichkeit begrüßen würden. Andere allerdings (und vor allem Mütter) sind entsetzt über die Vorstellung, sich von den Kindern nur einen Tag früher als nötig zu trennen. Die Freude, die sie an ihren Sprößlingen gehabt haben, wiegt alle Unbequemlichkeit auf, und der Gedanke daran, daß ihr Heim still, ja nahezu verlassen sein sollte, ist ihnen unerträglich. Mütter werden empört bestreiten, daß der Umgang mit den Kleinen ihre geistige Entwicklung gehemmt hätte. Dagegen spricht leider das Argument, daß niemand seine geistige Beschränktheit zu erkennen vermag und kein Langweiler merkt, wie langweilig er geworden ist. Für intelligente Menschen sollte das Gefühl der Befreiung das Gefühl des Verlusts überwiegen.

Die Kinder abzuschreiben und sich anderem zuzuwenden, mag kaltherzig scheinen, aber eins ist gewiß: daß nämlich diejenigen, die am meisten davon profitieren, die Kinder sind. Denn wenn sie heranwachsen, haben sie es mit Eltern zu tun, die sich selber weiterentwickeln. Statt einer Mutter, die sich sentimental über das Photoalbum beugt und darauf hinweist, wie süß Julia als Dreijährige aussah, haben die Kinder jemand Interessanteren, an den sie sich wenden können; eine Frau mit Ideen und neuen Tätigkeiten und eine, die nicht nur von der Mutterschaft besessen ist. Wenn wir die Wahl haben, wissen wir ganz genau, was die Kinder sowohl brauchen wie vorziehen. Wenn sie auch Eltern wollen, auf die sie sich verlassen können, so wollen sie keine Eltern, die sich ihrerseits auf die Gesellschaft der Kinder verlassen. Man muß sich unter allen Umständen davor hüten, bei jeder Gelegenheit anzudeuten: »Wir haben uns um euch gekümmert, als ihr klein wart – haben uns für euch geopfert, euch nichts versagt. Jetzt sind wir alt, und das wenigste, das ihr tun könnt, ist, ein bißchen Zeit für eure Mami und euren Papi zu haben. Das ist nicht zuviel verlangt.« Aber Eltern sollten niemals auf die Kinder angewiesen sein dürfen, am allerwenigsten für Liebe. Der Prozeß, durch den Eltern auf das Niveau von Kindergeschwätz heruntergezogen werden, wirkt zu guter Letzt auf die Kinder zurück. Da Vater und Mutter sich nicht weiterentwickeln, werden sie von den Kindern überholt und sind, wenn diese aus dem Hause sind, geistig verkümmert.

Alles, was für die Kinder-fixierten Eltern übrigbleibt, ist die Aussicht darauf, Großeltern zu werden. Das ist lediglich eine Gelegenheit, den gleichen Fehler erneut zu begehen. Gewiß ist die Großmutter zuweilen die Lösung des Baby-Sitter-Problems, aber das ist noch kein Grund, einen Beruf daraus zu machen. Denn traurigerweise hat die frühe Ehe die Form der Großmutterschaft verändert. Das Mädchen, das mit 18 heiratet, ist vielleicht erst 37, wenn ihre Tochter ebenso übereilt handelt. Eine achtunddreißigjährige Großmutter kann diese Rolle noch weit über dreißig Jahre ausüben. Das ist eine ungeheuerliche Zeit, um darauf verwendet zu werden, Töchtern und Schwiegertöchtern unerbeten Ratschläge zu geben. Dagegen kann man nur eines tun, nämlich von Anfang an weniger besessen von seinen Kindern zu sein. Die ersten, die von einer solchen unbekümmerten Einstellung profitieren, sind die Kinder. Wo Vater und Mutter in der Elternschaft aufgehen, bekommen Kinder einen falschen Begriff von ihrer Wichtigkeit. Da sie sich zu ernst nehmen, finden sie, daß ihre Ansicht ausschlaggebend ist, daß die Welt von heute etwas ist, das nur sie zu verstehen vermögen; und daß die Zukunft der Menschheit davon abhängt, was sie sagen und tun. Dieses Sendungsbewußtsein hat einige Politiker zu dem Glauben verführt, daß junge Menschen eine neue Reife besitzen. Tatsache ist, daß sie, wären sie auch nur in einem normalen Tempo herangreift, von Anfang an viel weniger reden und viel mehr hätten lernen müssen.

Dieses Kapitel ist speziell für die verheiratete Frau mit Kindern im schulpflichtigen Alter gedacht, für die Frau, der das Leben oft zuviel wird. Das bedeutet jedoch nicht, daß ihr Mann dieses Kapitel überschlagen darf, denn gerade er muß doch über ihre Probleme Bescheid wissen. Im Mittelpunkt steht der periodisch auftretende totale Zusammenbruch, die Stunde der Not, der Augenblick, in dem anscheinend das Ende der Welt gekommen ist. Von allen Seiten stürmen Katastrophen ein, und die Hausfrau weiß nicht, ob sie schreien, beten oder Selbstmord begehen soll. Um diese Situation zu ergründen, wollen wir sie zunächst einmal von außen her betrachten. Nehmen wir einmal an, daß es ein anderer ist, der sich in Not befindet, eine Bekannte oder Nachbarin, eine Frau, die einem als ehrbar und harmlos bekannt ist, und die schräg gegenüber wohnt. Nehmen wir ferner an, sie heißt Yardley und ist die Frau eines Bankprokuristen. Bei einem zufälligen Blick aus dem Fenster erkennen wir, daß etwas nicht zu stimmen scheint.
In der Tat, im Yardley-Heim stimmt etwas nicht, und die Goldfischglas-Natur des modernen Vororts erlaubt einem, daran teilzunehmen. Mit ihren großen Fenstern und der offenen Terrasse, ihren dünnen Mauern und ihrem Gärtchen haben unsere modernen Häuser wenig Geheimnisse voreinander. Wenn die Robinsons in Nr. 34 eine Party geben, wissen das alle, die nicht eingeladen wurden. Wenn die Jamesons in Nr. 31 Krach miteinander haben, wissen sofort alle im Umkreis von 100 Metern, weshalb sie sich zanken. In dem vorliegenden Beispiel handelt es sich nicht um einen Familienkrach – noch steht einer bevor, denn die Yardleys vertragen sich gut –, aber Gwen ist sichtlich verstört. Ihre Stimme klingt laut und erregt, desgleichen, in höherer Tonlage, die Stimme ihres einzigen Kindes (des vierjährigen Tommy). Vor ihrer Haustür steht ein Mann, es ist der Mann mit der Meinungsumfrage, der gestern bei einem selbst war. Er verteilt Fragebogen, in dem Ansichten über Atomkriegführung erbeten werden. Gwen hat die Tür aufgerissen und hört sich sein wahrscheinlich stereotyp vorgetragenes Anliegen an. Selbst aus dieser Entfernung kann man feststellen, daß sie sich nur mühsam beherrscht. Im allgemeinen interessiert man sich nicht für anderer Leute Angelegenheiten (man hat, weiß Gott, anderes zu tun), aber irgend etwas an dem Vorgang hält einem am Fenster fest. Zweifellos erklärt der kleine Mann, daß – ohne Gwens Intervention – die Welt zum Untergang verurteilt ist. Gwens Feindseligkeit projiziert sich auf die ganze

Länge des Häuserblocks. Plötzlich ereignet sich eine Explosion von fast atomarer Gewalt. Deutlich vernimmt man nur die Worte: »Machen Sie, daß Sie wegkommen!!«, kann sich aber das Vokabular der Beschimpfungen, die Gwen kreischend folgen läßt, gut vorstellen. Der Fragebogen wird zerfetzt. Der Mann ergreift entsetzt die Flucht, stolpert, stürzt auf den Gehsteig, seine Broschüren flattern im Winde, als er auf seinen Wagen zuläuft, und eine Minute später ist er verschwunden, während Gwen ratlos mit der Faust droht. Ihre Glastür fällt knallend ins Schloß, und man hört das Klirren von Scherben. Etwas leiser ertönt das Knallen der Innentür, Tommys Geheul und zerbrechendes Porzellan. Für die arme Gwen ist es sicherlich ein Tag, *an dem alles schiefgeht.*

Kennen auch Sie solche Katastrophentage? Ja? Wie fangen sie denn an, wie ist ihr Ablauf? Sind sie vermeidlich? Sie mögen gefunden haben, daß die Welt nun einmal so ist und sich nichts dagegen machen läßt. Das dürfte ein Irrtum sein. Da keine Behandlung ohne Diagnose möglich ist, müssen wir als erstes die Katastrophe rekonstruieren. Das kennen wir von den Detektiven im Fernsehen.

»Stellen Sie die Möbel an ihren alten Platz, öffnen Sie das Fenster, machen Sie die Stehlampe aus. Setzen Sie sich in den Lehnstuhl, Watson. Jetzt komme ich durch die Tür, wie es der Mörder getan haben muß . . . Was sehe ich? Nichts. Warum? Weil das Zimmer total dunkel ist!«

»Holmes, das ist fabelhaft!«

Die gleiche Technik läßt sich auf unsere eigenen, weniger dramatischen Angelegenheiten anwenden. Beginnen wir also mit einer eingebildeten Situation, deren Opfer Sie sehr wohl sein könnten. Ihr Mann und Ihre Kinder sind in Büro und Schule gegangen, und der Tag ist, wie wir annehmen wollen, kalt, nebelig und naß. Mit der Post trifft ein Brief von einem gehobenen Warenhaus ein, das Ihnen bedauernd mitteilt, daß der antike Toilettentisch zu verbilligtem Preis, den Sie haben wollten, inzwischen verkauft worden ist. Telefonisch erfahren Sie, daß Ihre Ferienpläne gescheitert sind, weil das Hotel von einer Lawine zerstört wurde. Die Reiseagentur erklärt Ihnen, daß es jetzt zu spät ist, um irgendwo anders zu buchen. Martins Schulzeugnis kommt an, Sie reißen es auf, und Ihr Blick fällt auf die Worte »unordentlich« und »faul«. Der Toaströster klemmt, und die Küche raucht. Der Kaffeetopf kocht auf der Heizplatte über. Sie zerbrechen ein wertvolles Stück Porzellan, die Royal-Worcester-Schale für die Kekse. Alles, aber auch *alles* ist gegen Sie. Alles deutet auf eine Verschwörung hin, die man als die Tücke des Objekts bezeichnet. Sie reagieren sich ab, indem Sie eine Verabredung beim Friseur absagen, sich telefonisch über den Hund Ihres Nachbarn beschweren und einen Zeugen Jehovas hinauswerfen. Der Erfolg davon ist ein unbeträchtlicher Autounfall und eine Anzeige wegen falschen Parkens.

Warum muß uns das alles zustoßen? Warum diese Folge von Dilemma, Katastrophe und Verzweiflung? Weil wir in der Erregung die Frage nicht selbst beantworten können, stellen wir sie einem verständnislosen Himmel. Aber *jetzt*, während Sie dies lesen, sind Sie kühl und gesammelt und vermögen zu erkennen, daß diese Folge von Ereignissen überhaupt keine Folge ist. Die aufeinanderfolgenden Mißgeschicke haben nichts miteinander zu tun und zerfallen, in jedem Fall, in zwei Gruppen. Der entgangene Toilettentisch, der verdorbene Ferienplan, das Schulzeugnis: das sind alles *externe* Dinge, über die Sie keine Gewalt haben. Schauen Sie sich die scheinbare Folge noch einmal genauer an. Der entgangene Toilettentisch ist Pech, wogegen Sie nichts machen können – außer festzustellen, daß Ihnen jetzt zusätzliches Geld für einen neu zu planenden Ferienaufenthalt bleibt. Sie könnten einwenden, daß die Absage des Hotels einfach katastrophal sei; aber ist sie das wirklich? Schließlich hätte die Lawine auch während Sie dort waren niedergehen können, sogar, wenn Sie im Bad gelegen hätten. Insofern haben Sie ja noch Glück gehabt. Und sehen Sie sich das Schulzeugnis einmal näher an. Wie lautet es denn? »Obwohl Martin manchmal unordentlich ist, ist er niemals aufsässig oder faul, und seine Arbeit zeigt deutliche Fortschritte.« Also in Wirklichkeit gar nicht so schlecht, und jedenfalls besser als das letzte.

Die anderen Mißgeschicke waren alle (jawohl!) Ihre eigene Schuld. Das mit dem Toaströster und dem Kaffeetopf passierte nur deshalb, weil Sie statt an Ihre gegenwärtige Aufgabe an den Toilettentisch dachten. Aber das Zerschlagen der Porzellanschale bedeutet etwas Komplizierteres. Frauen drücken ihren Ärger in erster Linie mit Geschirrklappern und Türenknallen aus. Geschirr hält das im allgemeinen nicht aus. Zerschlagen und in die Mülltonne geknallt, dient es auch als Protest gegen die Ungerechtigkeit der Welt. Gewöhnliches Haushaltsgeschirr wäre nicht weiter schlimm, aber bei Wedgwood oder Spode ist es etwas anderes. Es verrät, daß Sie sich kindisch benehmen, daß Sie *wissen*, wie kindisch Ihr Benehmen ist, daß Sie sich wie ein Kind bestrafen und eine kindische Form der Bestrafung anwenden. Aber Ihr Ärger macht dort nicht halt. Warum sollte er das, und wieso könnte er es überhaupt? Sie fahren damit fort, sich und andere zu bestrafen, bis Sie endlich wieder vernünftig werden. Erst dann, nach Stunden (oder Tagen) überprüfen Sie die Lage und stellen fest, daß alles eigentlich gar nicht so schlimm ist. Bis dahin veranschaulichen Sie fortgesetzt das *Zweite Gesetz der Thermodynamik*, nämlich das Gesetz, daß Wärme stets von einem Körper mit höherer Temperatur in einen mit niedriger Temperatur übergeht; in diesem Fall, von Ihnen zu dem Zeugen Jehovas, den Sie mit Ihrer Bratpfanne eins auf den Kopf knallen. Jedoch ist eine solche Übertragung nicht möglich, wenn kein anderer Körper dafür vorhanden ist. In diesem Fall verteilte sich Ihre Hitze auf den Friseur, den Hund des Nachbarn und den Evangelisten; was für den letzteren ein Glück war, weil er sonst vielleicht umgehend erschlagen worden wäre.

Es liegt auf der Hand, daß Ihre Temperatur eine potentielle Gefahr bedeutet und Folgen haben kann, die sich von Beschimpfung zu tätlichem Angriff, von Scheidung zu Mord ausweiten können. Um diese Gefahr zu verringern, müssen wir uns a) darüber klarwerden, wie diese Hitze erzeugt wird und ob sie überhaupt erzeugt werden muß, und b), wenn sie schon erzeugt werden muß, wie sie auf harmlose Weise entweichen kann, bevor ein wirklicher Schaden entsteht. Die Antwort auf a) gibt das Erste Gesetz der Thermodynamik: das Gesetz, daß Wärme im gleichen Verhältnis zu der unter Druck ausgeführten Arbeit absorbiert wird, weil ein bestimmtes Arbeitsquantum ein entsprechendes Äquivalent an Hitze erzeugt. Dieses Gesetz gilt ebenso sehr für die Temperatur der Gefühle wie für die Körpertemperatur. Hausarbeit vollzieht sich mehr oder weniger unter Druck, weil sie fluktuiert und (beispielsweise) einen Siedepunkt erreicht, wenn die Kinder in die Schule spediert, und einen weiteren, wenn abends Gäste erwartet werden. Sie hält im allgemeinen auch an, wenn sich ihre unmittelbaren Ursachen verflüchtigt haben, und bildet somit weitere Siedepunkte, bis die Explosion eintritt – ein atomarer Beschleuniger funktioniert in ähnlicher Weise. Aber *warum* kumuliert die Hitze? Warum verflüchtigt sie sich nicht zwischen den Perioden häuslicher Mißgeschicke? Nach jahrelanger, kostspieliger Erfahrung (247 Pfund 3 Shilling und 6 Pence allein für zerschlagenes Geschirr) – haben wir dieses scheinbar unlösbare Problem gelöst. Und hier haben Sie in elf Worten die Antwort: Weil Sie niemand hatten, auf den Sie Ihre Hitze übertragen konnten.

Es geht alles auf ein Lied zurück, das *Tea for Two* heißt und die folgenden bezeichnenden Zeilen enthält:

Tea for two and two for tea
Me for you and you for me ...
Don't you see how happy we will be?
(Tee für zwei und zwei zum Tee,
Ich für dich und du für mich ...
Siehst du nicht, wie glücklich wir sein werden?)

Zwischen den Zeilen lesend, entnehmen wir daraus, daß das Paar mit sich allein ist; was Sie normal finden mögen. Tatsächlich aber ist das eine Eigentümlichkeit des 20. Jahrhunderts und eine Eigentümlichkeit des Westens. In jedem anderen Jahrhundert und in fast jedem anderen Erdteil hätte Ihr Haushalt sehr anders ausgesehen. Zur altmodischen oder orientalischen Familie gehörten Verwandte, Kinder, Dienerschaft, Freunde. In einem islamischen Haushalt wäre mit drei Ehefrauen zu rechnen, die alle drei austauschbar sind. Im kaiserlichen Rom hätte es Anhänger, Parasiten, Eunuchen und Konkubinen, Leibjäger, Astrologen, Sklavinnen und Sklaven gegeben. Sogar im relativ modernen Indien besaß der siebente Groß-Nizam von Haidarabad 1 000 Personen Dienerschaft für seinen Hauptpalast sowie 3 000 Gardisten und 4 000 weitere Angestellte auf anderen Gütern. Mit anderen Worten: es waren noch andere Menschen vorhanden. An scheinbaren Unglückstagen hätten Sie jemand, dem Sie die Schuld geben können, ferner jemand, dem Sie leid tun, und schließlich jemand, der die Sache komisch findet. Ihre Hitze wäre in kühlere Gemüter entwichen, und da so das erste Mißgeschick schnell vergessen ist, wären die nachfolgenden gar nicht erst passiert. Dagegen aber gab es im Sinne des Schlagers »Tee für zwei und zwei zum Tee« immer nur zwei Personen. Da Ihr Mann im Büro ist, sind Sie allein zu Haus, und Ihre einzige Hoffnung ist das Telefon. Dieses Instrument ist im elektrischen Sinn Ihre »Erde«, und durch diesen Blitzableiter können Sie einiges von Ihrer Erregung außer Haus abreagieren. Das erklärt Ihre Wut, wenn die Nummer besetzt ist oder niemand antwortet. Kurzum, das Alleinsein hat seine Nachteile. Und die rhetorische Frage: »Siehst du nicht, wie glücklich wir sein werden?«, mag die Antwort herausfordern: »Das sehe ich allerdings *nicht*.«

Unsere Untersuchung hat nun ergeben, daß der Tag häuslichen Mißgeschicks auf durch Hitze erzeugten Druck beruht, für die kein ausreichendes Ventil vorhanden ist. Das läßt sich sogar präzise und wissenschaftlich formulieren. Mrs. Parkinsons Gesetz bezieht sich auf die verheiratete Frau der westlichen Welt und heißt folgendermaßen: *»Durch häuslichen Druck erzeugte Hitze dehnt sich aus und erfüllt das vorhandene Gemüt, aus dem sie nur durch Übergehen in ein kühleres Gemüt entweichen kann.«*

Wir kennen nun den Prozeß, durch welchen sich unsere Hitze erzeugt. Wir kennen auch die Umstände, die sie bindet und zur Explosion treibt. Das führt uns zu zwei praktischen Fragen: Wie können wir den Erzeugungsprozeß anhalten? Wie können wir, sofern das nicht möglich ist, die von uns erzeugte Hitze loswerden? Um den Temperaturanstieg anzuhalten, muß man vor allem Mrs. Parkinsons Gesetz kennen und wissen, daß man ihm unterworfen ist. Außerdem muß man die Symptome des Drucks erkennen und folgende Regeln anwenden: a) Öffnen Sie nie Ihre Post, bevor Sie Zeit haben, sie in Ruhe zu lesen. Denn ein flüchtiger Blick darauf vermittelt Ihnen oft einen falschen Eindruck, so daß Sie sich unnütze Sorgen machen. Bedenken Sie deshalb, daß ein Stück Papier nichts besonders Wichtiges ist. Es kann warten und sollte es wahrscheinlich auch. Es ist viel besser, sich auf Ihre momentane Tätigkeit zu konzentrieren; b) Gehen Sie nie ans Telefon, wenn Sie gerade etwas Wichtiges zu tun haben. Lassen Sie es ruhig läuten. Wenn die Anrufende irgend etwas Belangvolles zu sagen hat, wird sie später noch einmal anrufen; c) Wenn infolge Ihrer eigenen Erregung etwas schiefgeht, hören Sie mit Ihrer Arbeit auf, setzen Sie sich hin, denken Sie nach und reißen Sie sich zusammen. Tun Sie nichts mehr, bis Ihre Temperatur wieder normal ist.

Genügen diese Regeln? Für die besonders Erregbaren vermutlich nicht. Daher gibt es eine vierte Regel, die folgendermaßen lautet: Wenn gar nichts mehr hilft, baden oder duschen Sie kalt, das beruhigt ungemein. Allerdings deckt sich die Körpertemperatur nicht unbedingt mit der Temperatur des Gemüts. Sie hängen jedoch eng zusammen, und nur wenige Panikstimmungen überleben eine kalte Dusche. Der Sinn dieser drastischen Methode wäre, falls sie durchführbar ist, die Temperatur zu senken und zugleich die eingebildete Pechsträhne aufzuheben. Mit etwas anderem im Kopf, dem kalten Schock, der Mühe, sich abzutrocknen, würde die Hausfrau in veränderter Stimmung an ihre Arbeit zurückkehren. Sobald sie begriffen hat, daß die Wurzel des Übels nicht in einer Verschwörung anderer, sondern in ihr selber liegt, ist sie bereits auf dem Wege der Besserung. Doch darf man übrigens nicht etwa annehmen, daß Männer gegen Panikstimmung und schlechte Laune gefeit wären, wenn etwas schiefgeht. Im Beruf kommt es bei ihnen seltener vor, weil nur wenige von ihnen isoliert arbeiten, aber zu Hause ist das etwas anderes. Wenn der Ehemann den Rasen mäht, das Badezimmer tapeziert oder die Rosen beschneidet (während seine Frau Einkäufe macht), kann er ebenfalls ein Opfer von Mrs. Parkinsons Gesetz werden. Auch er kann sich einbilden, daß alles gegen ihn ist, daß er vom Pech verfolgt wird und daß vermutlich eine noch größere Katastrophe heraufzieht. In solcher Lage muß er genau dieselben Regeln befolgen, die für die Hausfrau vorgeschrieben sind, mit dem einzigen Zusatz, sich hinterher eine Pfeife anzustecken. Die Arbeit einstellen, abschalten, sich hinsetzen und notfalls kalt duschen.

Diese Regeln, die für den Ehemann unfehlbar sein müßten, mögen gleichwohl für die Hausfrau nicht immer genügen. Sie ist vielleicht verletzlicher und verzweifelten Stimmungen mehr ausgeliefert. Zudem können sich die Dinge zu sehr überstürzen. Trotz aller Bemühungen sind wir unfähig, die Lage zu meistern, und mißachten die Regeln (1) und (3). Nehmen wir einmal an, daß die Sequenz von Ereignissen der eingangs beschriebenen gleicht und die Hitze noch *nach* dem Vorfall an der Haustür anhält. Ihr Lieblingsporzellanstück liegt in Scherben. Sie haben beim Bügeln Ihr bestes Kleid versengt. Sie haben erlebt, wie der Zeuge Jehovas ins Krankenhaus abtransportiert wurde. Sie sind völlig durcheinander und fragen sich, was wohl die nächste Katastrophe sein wird. Sie scheinen sich unaufhörlich mit dem Schicksal anzulegen. Ahnten Sie – wie noch vor wenigen Minuten – nichts von Mrs. Parkinsons Gesetz, so würden Sie instinktiv Ihren Mann im Büro anrufen. Sie würden ans Telefon stürzen und nach hergestellter Verbindung Ihren Kummer mit emotionaler Unverständlichkeit hervorsprudeln. »Es ist entsetzlich – Liebling – ich wollte ja bloß, daß er weggeht – aber da lag er plötzlich da – und der Krankenwagen kam und alles – und mein schönstes Kleid verdorben – und die Schale kaputt – wenn bloß nicht alles auf einmal passierte – könnte ich damit fertig werden – aber es ist alles ganz furchtbar – und was soll ich machen?« Eine Botschaft von solcher Dringlichkeit wird Ihren Mann normalerweise in einer von zwei Situationen antreffen: er kann in einer Konferenz sein und mit aller Kraft gegen irgendeinen idiotischen Plan ankämpfen, der seine ganze Karriere bedroht. Anderenfalls sitzt er friedlich arbeitend an seinem Schreibtisch. In dem einen Fall fällt seine Antwort vielleicht ebenso erregt aus wie Ihr Hilferuf: »Um Gottes willen – ich bin in einer Konferenz – es geht um meine Existenz – was für blöde Ideen Leute manchmal haben – mein Gott – und jetzt mußt du auch noch kommen und wegen einem zerschlagenen Porzellanteller losschreien. Häng auf – Kind – nimm zwei Aspirintabletten – ich komme früh nach Hause, wenn ich kann. Wiedersehen.« Andernfalls ist er in einer Weise vernünftig, die Sie rasend macht. »Willst du mir nicht lieber in schlichten Worten erzählen, was ich eigentlich tun soll, Liebling? Häng auf, Schatz, und beruhige dich. Dann sage mir, wie ich dir helfen kann. Wiedersehen.«

Von beiden Formen der Antwort ist die zweite die unglücklichere. Die erste hilft Ihnen zwar nicht, gibt Ihnen aber zu verstehen, daß Sie nicht allein sind: auch er hat seine Sorgen. Der zweiten fehlt sogar dieser winzige Trost. Was Sie suchen, ist ein Blitzableiter. Obwohl Ihr Mann kühl genug für diesen Zweck ist, weigert er sich, mitzumachen. Statt sich Ihren Unsinn anzuhören, unterbricht er ihn und kommt zur Sache. – »Was *verlangst* du?« Der Arme begreift nicht, daß Ihr Verlangen ja gerade darin besteht, Unsinn zu reden und ein williges Ohr zu finden. Die Frage, was er *unternehmen* soll, ist unwichtig. Sie haben sich gar nichts vorgestellt, und warum sollten Sie auch? Sie knallen den Hörer auf und glauben, mit Ihrer Ehe sei es aus. Ihr Mann hat Sie wahrscheinlich um einer anderen willen verlassen. Höchstwahrscheinlich sitzt er jetzt gerade bei ihr und macht sich über Ihren Kummer lustig. Sie *müssen* Ihre Geschichte irgendwo loswerden. Ja, Madge wäre dafür die Richtige – mit dem Wagen sind es nur zehn Minuten zu ihr. Wutschnaubend über die Blödigkeit Ihres Mannes – es war ja in Wirklichkeit von Anfang an *seine* Schuld – springen Sie in den Wagen. Fünf Minuten später klebt der Wagen an einem Laternenpfahl, und Sie selbst befinden sich auf dem Weg ins Kranken- oder Leichenschauhaus.

Ihren Mann anzurufen, war falsch. Was hätten Sie tun sollen? Der richtige Weg ist der folgende: Nehmen Sie ein Beruhigungsmittel. Rufen Sie dann Madge an und bitten Sie *sie*, auf einen Kaffee zu Ihnen zu kommen, nicht sofort, sondern in einer halben Stunde. Dann setzen Sie sich hin (das ist sehr wichtig) und schreiben einen kurzen Bericht über die Dinge, die Sie verstört haben. Beschließen Sie, für den Augenblick nichts zu beschließen. Warten Sie, bis Sie weitere Informationen oder Rat erhalten haben, und verdrängen Sie Ihre Sorgen, bis Sie Zeit haben, sich mit ihnen zu beschäftigen. Bis dahin wird Ihre Freundin eingetroffen sein, und Sie werden sich allmählich abgekühlt haben. Bis Sie ihr die ganze Geschichte erzählt haben, werden Sie wieder normal geworden sein.

Wenn das letzte Kind das schulpflichtige Alter erreicht hat, ist für die Eltern, vielleicht etwas verspätet, der Augenblick gekommen, sich zu überlegen, was sie künftig anfangen wollen. Wir nehmen an, daß sie es zu einigermaßen gesicherten Verhältnissen gebracht haben. Sexuelle Bedürfnisse und die Konventionen der Gesellschaft, in die sie hineingeboren wurden, haben sie in die Romantik getrieben. Sie verliebten sich ineinander und heirateten; dieser Vorgang bedeutet (wie sie finden) ein Heim, einen Wagen und die Möglichkeit, Gäste zu haben. Um das Bedürfnis der Frau nach Erfüllung zu befriedigen und um dem Familiennamen eine Fortsetzung zu geben, wurden Kinder gezeugt, die jetzt in der Ausbildung stehen. Bestünde der einzige Zweck des Ganzen darin, die Eltern durch Kinder zu ersetzen, deren Leben wie das Leben der Eltern verläuft, wäre das einigermaßen sinnlos. Warum sollte ein Börsenmakler sein Leben damit zubringen, der Gesellschaft eine Heilgymnastikerin und einen Buchprüfer zu liefern? Warum sollte der Buchprüfer sich dann darin erschöpfen, einen weiteren Börsenmakler zu erzeugen? Ein Verdoppeln der Bevölkerung verschärft lediglich das Verkehrsproblem und sonst gar nichts. Was ist dann also der Zweck der Sache? Es gibt Leute, die hoffnungsvoll einwenden, daß die Kinder besser sein müßten als die Eltern, jede Generation vortrefflicher als die frühere und daß wir nach einem solchen Fortschritt zu trachten hätten. Wir haben jedoch keine Beweise dafür, daß die Kinder eine Verbesserung ihrer Vorfahren darstellen. In gewisser Weise neigen sie sogar dazu, hinter ihnen zurückzustehen, denn den Kindern Erfolgreicher fehlt der Ansporn der Armut. Sie haben sich nie bemühen müssen, aus dem Elend herauszukommen. Da sie es verhältnismäßig einfach finden, in der Einkommensgruppe, zu der sie von Geburt an zählten, zu verbleiben, haben sie wenig Antrieb, sich in irgendeiner Weise anzustrengen. Sie mögen gesünder als ihre Großeltern sein und vermutlich auch größer, aber ein höherer Wuchs bedeutet nicht unbedingt größere Vitalität. Ja, wir vermuten sogar, daß dickere Leute ihre Kraft damit verschwenden, ihr zusätzliches Gewicht zu transportieren. Der Gedanke, daß die Welt sich verbessert, muß verworfen werden. Daß wir uns selber verbessern könnten, mag vielleicht stimmen, nicht aber dadurch, daß wir kräftigere Kinder mit geringeren Antrieben erzeugen. Was getan sein muß, müssen wir selber tun.

Was aber soll unser Lebenszweck sein? Wir können versuchen,

Gott oder der Menschheit oder zumindest der Gemeinschaft, in der wir leben, zu dienen. Wir können nach Reichtum oder Status, Macht oder Glück, Vergnügen oder Weltflucht, wir können sogar nach einer gesicherten Altersversorgung streben. Wenn auch dieses letztere Ziel, zumindest in einem gewissen Grad, vernünftig ist, kommt es als Lebenszweck nicht in Frage. Das Alter darf ebensowenig Zweck der Jugend sein wie die Jugend Zweck des Alters. Wir sollten ebensowenig dafür leben, eine Pension zu erwerben, wie aufwachen, um zu schlafen. Wenn auch ein gewisses Maß an materieller Sicherheit wünschenswert ist, sollten wir im Leben mehr als das erreichen. Was wäre, beispielsweise, wenn wir Reichtum zu unserem Lebenszweck machten? Das ist ein Ziel, das eine Mehrzahl von Menschen zweifellos verachtungsvoll ablehnen würde. Zu den Verantwortungsvollsten gehören diejenigen, die außerstande sind, mehr zu verdienen oder zu sparen, als sie zu ihrem Lebensunterhalt brauchen. Wie viele, die tatsächlich Geld machen könnten, haben darauf verzichtet? Und warum war es überhaupt richtig von ihnen, darauf zu verzichten? Ein Vermögen zu machen, ist eine viel harmlosere Beschäftigung, als man glaubt, allerdings aber führt es zu der weiteren Frage, wozu das Geld dienen soll. Vernünftigerweise kann es lediglich ein Mittel zum Zweck sein. Was soll der Millionär tun, wenn seine Millionen gemacht sind? Er kann sich oder seinen Söhnen politische Macht kaufen oder die Politiker kaufen, die die Macht verwalten. Er kann Statussymbole in Ländern kaufen, wo noch Statussymbole herrschen. Er kann essen und trinken, Sex, Gesellschaft und Komfort kaufen. Er kann sich schließlich Weltflucht kaufen, die Südseeinsel, wo lauter Sonnenschein, Schönheit und Frieden herrscht. Aber die meisten Freuden werden mit zunehmendem Genuß immer schaler. Ein Genügen erwirbt sich ohne Reichtum, und Ausschweifung führt nur zu Magenverstimmung, Krankheit und Erschöpfung. Der Mensch, der für sein Vergnügen lebt, gleicht dem Blinden im dunklen Zimmer, der nach einer nicht vorhandenen schwarzen Katze sucht. Es liegt in der Natur der Sache, daß es nur Enttäuschungen für ihn geben kann.

Für den einzelnen ist das Problem kaum geringer als für die Gemeinschaft. Früher einmal gab es Fürstentümer und Städte, die einem klar umrissenen Zweck dienten. Sie bestanden zur Aufrechterhaltung eines Ideals oder zur Verteidigung eines Glaubens. Griechische Stadtstaaten waren angelegt, um die griechische Lebensanschauung widerzuspiegeln. Römische Städte veranschaulichen den römischen Sinn für Disziplin und Ordnung. Kreuzritterburgen trotzten dem Islam, und mittelalterliche Städte konkurrierten im Glanz und der Größe ihrer Kirchen. An vielen Orten und in vielen Epochen konnte man sofort erkennen, was eine Gemeinschaft anstrebte. Das ist heute nur in Gemeinschaften möglich, die sich für die Erhaltung von etwas Bestehendem einsetzen. Denn Städte verhältnismäßig neueren Ursprungs verherrlichen nichts anderes, als in der Ballung des Zentrums Geld zu verdienen und es in den Vororten für Komfort auszugeben. Was an kommunalen Bemühungen geschieht, ist meistens nur Flickwerk, wie etwa die Forderung gewisser Gruppen nach Räumung von Elendsvierteln oder Verbesserung von Krankenhäusern. Es heißt allgemein, daß die Spannung abnähme, wenn die Armut gemildert würde. Infolgedessen will man Erholungszentren für die Jugend und Altersheime bauen. Aber das alles sollten nur Randerscheinungen für das Hauptziel sein, jedoch ist ein solches überhaupt nicht vorgezeichnet. Es gibt Gruppen und Familien, die mit Stolz auf einen Konzertsaal oder eine Bibliothek verweisen können. Es gibt einzelne, die sich rühmen können, eine rauchfreie Zone oder die Erneuerung eines Stadtteils durchgesetzt zu haben. Aber nur in wenigen Fällen ist die gesamte Gemeinde an einer positiven Leistung beteiligt. Dennoch sind es gerade solche gemeinsamen Anstrengungen, in denen der einzelne seine größte Befriedigung findet. In der Hingabe an eine gemeinsame Sache kann er seinen persönlichen Kummer, sein Mißgeschick und seine Leiden vergessen. Ohne gemeinsames Ziel muß er finden, daß ein gemeinsames Glück unerreichbar ist.

Familienbestrebungen bleiben, und Erfolg auf diesem Gebiet läßt sich nach Reichtum oder Status bemessen. Groß angelegter Reichtum ist den Familien der Mittelschicht normalerweise nicht erreichbar. Bei einem gesicherten Wohlstand setzen nur wenige ihren ganzen Besitz auf eine einzige Karte. Erstens fühlen sie sich zu verantwortlich für das Wohlergehen der Familie. Zweitens sind sie nicht überzeugt, daß ein enormer Vermögenszuwachs ihnen die entsprechende Befriedigung böte. Nur die Menschen der untersten Schichten erzeugen den Antrieb, der ihnen ein Vermögen einbringt, denn sie beginnen mit der wilden Entschlossenheit, aus der Armut herauszukommen, und außerdem haben sie nichts zu verlieren. Von zehn solchen Emporkömmlingen enden neun im Gefängnis, und der zehnte wird Millionär. Nur wenige Millionäre stammen aus einem gemütlichen, bürgerlichen Milieu, und noch weniger haben Volkswirtschaft studiert. Die fachlich geschulten und tüchtigen Bewohner des modernen Vororts haben zum Ziel, ihre Kinder zu noch größerem Wohlstand, noch höheren Gehältern und noch einflußreicheren Freunden zu verhelfen. Alles das kommt niemals an wirklichen Reichtum heran, da das Erbe die Initiative beschränkt und Vorsicht auferlegt. Wie kommen wir dazu, mit Großvaters schwer verdientem Kapital zu spekulieren? Es bedeutet eher eine mündelsichere Anlage für unsere Kinder, einen Schutz für unsere unverheirateten Töchter oder ein Existenzminimum für unsere haltloseren Söhne.

Reichtum ist mithin für die meisten von uns kein Lebenszweck. Aber Status bleibt das Ziel für viele in Gesellschaften, die entsprechend strukturiert sind und somit statusbedingte Belohnungen bieten. »Snobistisch« ist das Wort, das uns einfällt, und wir denken sofort an die Art von Monolog, in welchem die ältere Gattin und Großmutter die Werte aufzeigt, die sie inzwischen als geheiligt betrachtet. Stellen wir sie in den Rosengarten, und hören wir uns respektvoll ihre Begleitreden zu den verschiedenen Rosengattungen an:

»Bis zu diesem Jahr hatte ich die Grâce de Monaco am liebsten – sie hat sie selbst ausgesucht, wissen Sie, eine so zarte Schattierung von silbrigem Rosa –, aber heute bin ich noch stolzer auf die kleinen Sorten, wie Perle de Montserrat und vor allem die Diane Radziwill. Schiere Sentimentalität von mir, nehme ich an – sie pflanzte diese selber in jenen glücklichen Tagen, als John noch lebte. Aber manche Leute finden die Farbe zu grell. Mein Bruder Mark behauptet immer, sie sei ›ziegelrot‹, aber Sie wissen ja, wie schwierig er ist. Ob alle Admiräle so sind? Vermutlich wohl. Mir scheint es immer, daß Generäle mehr Takt besitzen. Ich weiß, daß mein Onkel Ned für jeden immer das richtige Wort fand. Aber er hätte nie geglaubt, daß man Rosen auch ohne Pferdemist züchten könnte. Haben Sie jemals die Ställe in Canterly Court gesehen? Dort gab es früher bestimmt zwanzig Reitpferde, und die Rosen waren *phantastisch*! Angeblich soll künstlicher Dünger genausogut sein, aber der gute Harold (ich meine nicht etwa den ehemaligen Premierminister!) wollte es nie glauben. Er und Derek waren zusammen auf der Schule, wissen Sie, und sie dienten im gleichen Regiment.

Aber der Erste Weltkrieg ist ja schon lange her! Das einzige übrigens, worin sie sich verstanden, war Gartenbau. Ich hoffe, ich langweile Sie nicht mit meinen Rosen? Bestimmt nicht? Vorige Woche führte ich zwei Gäste durch den Garten und hielt einen stundenlangen Monolog, bis ich entdeckte, daß der Bischof farbenblind ist und der Richter keinen Geruchssinn hat! Sie waren aber furchtbar nett dabei, viel netter als Evelyn Waugh gewesen wäre. Ich habe eine schreckliche Angst vor Autoren. Sie nicht? Ich denke immer, daß sie einen in ihrem nächsten Roman verwenden werden. Sie halten vielleicht diese Angst für absurd, da ich doch gar niemand bin, aber einer hat es tatsächlich getan. Allerdings war das Buch ein Mißerfolg, was mir nur recht war. Meine Enkel hätten einen Bestseller furchtbar peinlich gefunden, und jeder in Trinity oder Christchurch hätte es gelesen ... Die Buchenhecke ist schön hoch gewachsen, nicht wahr? Sie verdeckt den Blick auf das Cottage, das sich ziemlich entsetzliche Leute gebaut haben, die hier zugezogen sind – angeblich Leute aus Huddersfield oder so ähnlich ... In dieser Ecke hat sich eine Tragödie abgespielt. Ich hatte einen Mammutbaum gepflanzt, einen dieser Riesenbäume aus Kalifornien. Es dauert acht Jahrhunderte, bis sie ausgewachsen sind, aber unserer hat nicht einmal so viele Sekunden gelebt. Er wurde von Dereks Setterhündin, Vestalin III., ausgegraben. Sie wurde nachher Siegerin bei Cruft's, aber ein wirklicher Trost war das nicht. Nun, da sind wir wieder auf der Terrasse angelangt, und Sie haben einen Drink verdient. Was möchten Sie. Black Velvet oder Blanc de Blanc?«

In dieser einen Rede drängen sich, ziemlich atemlos, sämtliche oder zumindest die meisten Statussymbole, aus denen das Milieu der Dame besteht. Selbst wenn sie löge, repräsentierten sie noch immer die Werte, an die sie glaubt. Ihr argloses Geplauder soll zunächst dartun, daß sie vom Lande ist und nicht aus der Stadt. Sie weiß von Kindheit an über Boden und Bäume, Blumen und Sträucher Bescheid. Sie steht (wie sie andeutet) auf vertrautem Fuß mit Personen der höchsten Gesellschaft, aber ihre Stellung ist zu gefestigt, um damit renommieren zu wollen. Sie interessiert sich nicht so sehr für Politik wie für Pferde und Hunde. Ihre Verwandten und Freunde bekleiden hohe Ämter in Marine, Armee, Kirche und Richterstand. Ihr Mann ist ein Eton-Schüler, der vorübergehend bei der *Brigade of Guards* diente, aber sie selbst ist intellektuell angehaucht. Mit ihrem Monolog will sie ihren eigenen Status unterstreichen – was beweist, da sie gesellschaftlich eher am Rande als im Zentrum steht. Während ihre fortgesetzte Unsicherheit sich nicht verheimlichen läßt, besteht eine gewisse Voraussetzung für ihren Anspruch auf soziale Bedeutung. Daß sie allerdings eine sehr törichte Person ist, wird ebenso klar.

Wenn man auch ihre Albernheit zugeben muß, sind jedoch ihre Werte nicht durchaus falsch. Sie behauptet nicht, daß ihre Freunde kolossal reich wären. Sie deutet nicht einmal an, daß sie Einfluß besäße. Sie will nur ihren »Landadel-Status« unterstreichen, ihre

Verwandtschaft und Freundschaften mit Menschen aus guter Familie und von beruflicher Tüchtigkeit. Sie möchte, daß man weiß, daß Mitglieder ihrer Familie sich ausgezeichnet haben und manche von ihnen zu hohen Ehren aufgestiegen sind. In alldem ist Grund für legitimen Stolz. Es mag vielleicht töricht von ihr sein, darüber zu reden, aber wir sollten es ihr gewiß nicht verargen, sich in vergangenem Glanz zu sonnen. Zumindest bewundert sie die richtigen Leute aus mehr oder weniger richtigen Gründen. Ihre Idole haben beruflich eine gewisse Berühmtheit erlangt. Es gibt Leute, die fragwürdigere Bekannte für zweifelhaftere Leistungen bewundern.
Somit ist der Status etwas, wonach wir streben dürfen, und die Bemühung, ihn zu erlangen, gehört zu der gesamten Dynamik der Gesellschaft. Von der Suche nach dem Glück, im Gegensatz zum Vergnügen, läßt sich kaum das gleiche behaupten, und man darf sogar bezweifeln, ob diejenigen, die nur danach streben, es jemals erreichen. Soweit das überhaupt möglich ist, erreicht man es durch Beschränkung seiner Wünsche. Das Symbol des Glücks ist die Holzhütte auf der Insel, die einfache Kost und das Leben im Freien. In der Flucht vor der Zivilisation könnten wir auf Radio und Auto verzichten, unsere Bedürfnisse auf das Minimum einschränken und uns fortan den Schönheiten der Natur hingeben. Für unser späteres Alter wäre das vielleicht nicht so dumm. Zu einem früheren Zeitpunkt aber würde dieser Gedanke an der Erziehung unserer Kinder scheitern. Es ist etwas ganz anderes, mit einem gutbestückten Verstand und der Erinnerung an tausend Bücher in die Wüste zu gehen, als Kinder aufzuziehen, die niemals eine Bibliothek, einen Konzertsaal oder ein Theater gekannt haben. Ob sie glücklich wären, ist sehr zweifelhaft, und höchstwahrscheinlich fielen sie in eine gewisse Barbarei zurück, die äußerst unangenehm sein könnte. Urtümlichkeit erlangt man nicht dadurch, daß man gegen die Zivilisation rebelliert. Man kann aus William Goldings *Lord of the Flies* etwas lernen: Nämlich, daß wir, sogar wenn wir auf eine einsame Insel ziehen, unsere Korruption mitnehmen.
Was ist also unser Bestreben? Wir setzen nicht lediglich die Gattung fort. Nun in geringem Umfang dienen wir der Gemeinschaft oder der Menschheit. Reichtum ist für die meisten von uns unerreichbar, und übrigens bezweifeln wir, daß das Streben danach die Mühe lohnt. Status ist vielleicht wertvoller, aber die Bemühung darum kann leicht sinnlos werden. Wie das Glück, fällt er uns gewöhnlich als Nebenprodukt zu. Dem physischen Vergnügen sind Grenzen gesetzt, und bloße materielle Sicherheit kann kaum Selbst-

zweck sein. Was also soll unser Lebenszweck sein? Für die meisten vernünftigen Leute heißt die Antwort darauf, ein Verhältnis zu all diesen möglichen Motiven zu finden, aber gelegentlich das Engagement zu wechseln – möglicherweise, wenn sich die Gelegenheit bietet, und häufiger noch, wenn die Verhältnisse sich ändern. Wer nur an Geld denkt, wird zum Geizhals und daher unglücklich. Wer nur vom Status träumt, macht sich lächerlich. Für seine Kinder zu leben, ist fast so sinnlos, als wollten unsere Kinder für die Eltern leben. Die Suche nach dem Glück kann glücklos enden, und die Begierde nach Vergnügen uns krank machen. Was wir vor allem brauchen, ist ein Sinn für Proportionen, diese Wahrheit steht im Mittelpunkt unserer ererbten Zivilisation, und unsere gesamte Erfahrung bestätigt sie. Ohne Sinn für Ausgewogenheit sind wir verloren.

In der Frage nach einem lohnenden Lebenszweck haben wir wahrscheinlich den wichtigsten noch gar nicht erwähnt – den Drang, etwas Schönes, Wertvolles und Belangvolles zu schaffen. Der Künstler, ob Schriftsteller oder Musiker, verfolgt ein Ziel, das (direkt) weder Status, Reichtum, Glück oder materielle Sicherheit bedeutet. Der Bildhauer, der ein Meisterwerk aus dem Stein haut, schafft etwas Schönes. In dieser Tätigkeit verbindet er Arbeit mit Spiel und gönnt sich kaum Zeit zum Essen und Schlafen. Seine Skulptur mag ihm eine Summe Geldes einbringen und seinen Ruf in der Kunstwelt erhöhen. Er war glücklich, während er daran arbeitete, und ist befriedigt über das Resultat. Sein Ruhm wird ihn, glaubt er, überleben; seine besten Arbeiten werden einer späteren Generation als Vermächtnis bleiben. So kann er das Angenehme mit dem Nützlichen verbinden, ein Privileg, das er mit dem Komponisten oder Dramatiker, Maler oder Dichter teilt. Es ist die einzige Laufbahn, bei der sich die meisten aller möglichen Ziele vereinbaren lassen. Es kann wohl kaum eine größere Befriedigung geben, als die Musik für eine erfolgreiche Operette zu komponieren. Die ganze Welt zum Singen zu bringen, muß an sich Glückes genug sein, aber sich noch dazu während der Arbeit zu vergnügen und Ruhm und Reichtum dafür zu ernten, bedeutet, auf einen Schlag fast alles zu bekommen, was das Leben zu bieten hat. Das ist das Privileg des großen Künstlers, wofür nur die wenigsten von uns qualifiziert sind. Wir vergessen jedoch, daß wir auf bescheidener Ebene etwas Gleichwertiges zu tun vermögen. Ohne eigenes Genie, ohne mehr als Geschick und Verstand können wir an den Bemühungen und dem Lohn des Schöpferischen teilhaben. Wir können mitwirken an der Erschaffung von etwas Nützlichem oder Schönem und stolz als Mitarbeiter zeichnen. Große Kunstwerke sind selten ohne Unterstützung erschaffen worden. Dahinter stand fast immer ein Mäzen, der genau wußte, was er wollte und wofür das Kunstwerk bestimmt war. In diesem Sinne haben wir alle die Möglichkeit, unserem Namen ein Denkmal zu hinterlassen, eine Ergänzung der Landschaft, ein Tor, einen Springbrunnen oder eine Quelle. Es ist sicherlich gut, soviel von uns selbst zu hinterlassen.

Teenologie

Teenologie ist das Studium und die Erörterung der Werte, Konventionen, Kleidung, Musik, Kunst, Getränke und Drogen, die für die Teenagerwelt charakteristisch sind. Die Moden ändern sich so rasch, daß jede Definition von dem, was einem Teenager gefällt, schon vor Erscheinen dieses Buches überholt wäre. Aber sofern es überhaupt eine Kontinuität der Begriffe gibt, bestünde sie in der Ablehnung der europäischen Tradition und der Vorliebe für die Emotionen und Geräusche, die aus Afrika stammen. Die Hintergründe dieser Wahl sind historisch interessant, aber ihre unmittelbare Annehmlichkeit beruht darauf, daß sie die Aufsicht der Erwachsenen ausschaltet. Für Menuett- oder Schottentanz bedarf es des Unterrichts durch ältere Menschen. Um Mozart zu spielen, muß man erst lernen, wie man klassische Musik spielt. Für den Anhänger afrikanischer Rhythmen ist kein solcher Unterricht nötig, auch wären seine Eltern nicht imstande, ihn darin zu beraten. Das trägt dazu bei, das Milieu des Teenagers, von welchem die ältere Generation ausgeschlossen ist, zu schaffen und zu definieren. Damit wird angedeutet, daß es Dinge gibt, die Ältere wohl kaum verstehen dürften. Somit leben inzwischen manche Teenager in einer eigenen Welt.

Für diesen Zustand lassen sich mancherlei Ursachen finden, aber die wichtigste ist unverkennbar der Mangel an elterlicher Autorität. Vor einem Jahrhundert beruhte diese auf der Konvention, daß der Ehemann der Herr im Hause ist. Die Frau leistete ihm offiziell Gehorsam, weil sie erkannte, daß davon wiederum ihre eigene Autorität über die Kinder abhing. Da sie gewöhnlich viel mehr mit ihnen zu tun hatte, hätte Vertraulichkeit ihre Bemühungen, Zucht und Ordnung aufrechtzuerhalten, beeinträchtigen können. Daher war es für sie stets am klügsten, auf die Autorität eines abwesenden Ehemannes zurückzugreifen und zu sagen: »Euer Vater hat es verboten«, oft andeutend, daß sie selber mehr Nachsicht geübt hätte. Nur durch Anerkennung der Vormacht ihres Mannes war sie imstande, die Jugend zum Gehorsam zu zwingen. Die Entscheidung mochte zwar bei ihr liegen, das Unangenehme davon aber bei ihm, was sich um so leichter behauptete, als er möglicherweise abwesend war. So ergänzte sie die Regeln über den Gehorsam mit der wirksamen Kraft des Vorbilds. Auf diese Weise lernten Kinder und Dienstboten, sich entsprechend zu benehmen.

Wenn elterliche Autorität im Viktorianischen Zeitalter ihren Höhepunkt erreicht zu haben schien, so vorwiegend deshalb, weil

Kinder so zahlreich geworden waren. Bei einem ziemlich plötzlichen Absinken der Kindersterblichkeit konnte eine Familie es auf zwölf, vierzehn oder sogar zwanzig Sprößlinge bringen. Das verwandelte das Zuhause praktisch in eine Privatschule, wo Disziplin mehr als je notwendig war. Daß Kinder nur reden sollen, wenn das Wort an sie gerichtet wird, mag in jedem Fall wünschenswert sein, aber wenn es sich um etwa ein Dutzend handelt, wird das geradezu unerläßlich. Ohne eigenes Schuloberhaupt war das Leben unerträglich geworden. Infolgedessen tat Mutter alles, um Vaters Prestige aufrechtzuerhalten, und benutzte es wiederum zu ihrem eigenen Schutz. »Ich werde es Vater erzählen müssen, wenn er aus dem Büro kommt.« Mit diesen gefürchteten Worten hielt sie Ordnung, und die Spannung war kaum noch zu ertragen, wenn sie verkündete: »Ich glaube, ich höre Vater die Treppe heraufkommen!« Sie hatte keineswegs solche Angst vor ihm, wie sie tat, aber ihre gespielte Angst diente einem nützlichen Zweck. Die Kinder versteinerten, noch ehe der Vorwurf einsetzte, und der Erfolg war ein Haushalt, in welchem es relativ friedlich und ruhig zuging. Er hätte unmöglich auf eine andere Weise regiert werden können.
Im zwanzigsten Jahrhundert nahm die Kinderschar ab, und der Erfolg war die Frauenbewegung. Da Disziplin nicht mehr das Hauptproblem war, wandelte sich die Form des Familienlebens. Man dachte, daß es bei einer kleinen und auf eine größere Zeitspanne verteilten Kinderschar möglich wäre, mit ihnen zu rechten. Es fand sich vielleicht sogar Zeit, Bücher über Kinder-Psychologie zu lesen. Vaters Wort besaß nicht mehr die Autorität der Heiligen Schrift, und sogar die Bibel wurde, als ungeeignet für die Jugend, deren Zugriff entzogen. Warum sollten Frauen ihre untergeordnete Rolle akzeptieren? Ja, warum? Mit einigem Zögern wurde ihrem Anspruch auf Gleichberechtigung stattgegeben. Das Wort »gehorchen« wurde aus der Trauungszeremonie gestrichen oder ihm unter gegenseitigem Einverständnis eine andere Bedeutung beigemessen. Bei den Intelligenten sollte künftig eine weniger gespannte Beziehung herrschen, eine lässigere Kameradschaft und Zusammenarbeit, wo Liebe anstelle der Angst trat. Verheiratete Frauen behielten jetzt ihr Eigentum, und manche von ihnen hatten sogar einen eigenen Beruf, und die meisten Männer freuten sich über den Wechsel und verzichteten bereitwillig auf die Rolle des unfehlbaren Haustyrannen. Die künftige Atmosphäre sollte informell und entspannt sein, Probleme nicht mehr verheimlicht und Schwierigkeiten offen diskutiert werden. Es gibt gute Gründe für die Annahme, daß der Ehemann, der zur Zeit A. A. Milnes lebte,

ein viel angenehmerer und gütigerer Mensch war als der Zeitgenosse Dickens'. An die Stelle der Familienandacht traten Familienwitze. Das Alte Testament wurde durch »Pu, der Bär« ersetzt.
Was die Menschen so schwer erkannten, war die Tatsache, daß die Emanzipation der Frau die elterliche Autorität über die Kinder zerstörte. Die Mutter exemplifizierte nicht mehr den Gehorsam, auf den sie zu bestehen versuchte. Es gab jetzt mehr Spielraum für Uneinigkeit zwischen den Eltern, und das bot den Kindern die Möglichkeit, sich an den einen oder den anderen zu wenden, um schließlich alle beide zu ignorieren. Indem sie den Mann vom Sockel stürzte, beraubte die Frau und Mutter sich ihrer Mittel zur Disziplin. Auf die Frage: »Warum dürfen wir nicht mit dem Gartenschlauch spielen?«, kann sie nicht mehr antworten: »Weil Vater es verboten hat«, sondern sie muß jetzt erwidern: »Weil ich es will.« Das fiel ihr schwer, und sie wollte instinktiv lieber rechten als befehlen. Die Kinder müßten den Gartenschlauch in Ruhe lassen, weil die Nachbarn etwas dagegen haben, weil zuviel Wasser verbraucht wird, weil die Kleider naß werden und weil die Kinder Lungenentzündung bekommen und sterben könnten. Aber in Sachen Disziplin ist, wer rechtet, verloren. Das einzige, was sie erreicht, ist ein schwaches Zugeständnis, daß sie vorsichtig sein werden, ein Versprechen, das sofort vergessen und gebrochen wird. Schlimmer als irgendwelche unmittelbaren Folgen ist die Erkenntnis der Kinder, daß Mutter sich in jede Argumentation hineinziehen läßt und Vater nichts unternimmt, wenn er von dem Schaden hört. Die weinerliche Frau, die schließlich fragt: »Warum tust *du* denn gar nichts?«, appelliert an eine Autorität, die sie selbst untergraben hat. Da sie bemerkt, daß sie sich in einer schwachen Position befindet, erzählt sie sich und anderen, daß die alte Form von Disziplin dem modernen Kind nicht angemessen ist. Man muß mit ihm reden, aber es zu nichts zwingen. Anredeformen haben sich vom viktorianischen »Sir« zum späteren »Daddy«, von da zum Vornamen oder aber zu »armer Papi« verwässert. Die Schlußfolgerung ist endlich, daß man das Problem der Disziplin der Schule überwinden muß.
Die Schule aber wurde bereits durch den Einfluß John Deweys (1859–1952) geschwächt, der auf die Abschaffung autoritärer Methoden drängte und verlangte, daß Schüler durch Erfahrung lernten. Das daraus resultierende System »fortschrittlicher« Erziehung hat sich seitdem auf die Schulen ausgedehnt und den fortschrittlich Gesinnten erlaubt, sich fünfzig Jahre der Aufgeklärtheit zu erfreuen. Das düstere gotische Gefängnis mit seinen abgenutzten

Pulten und vermoderten Stahlstichen des Parthenons wurde durch farbenfreudig möblierte, glasbewandete Klassenzimmer mit pastellfarbener Inneneinrichtung und Fernseh-Erbauung ersetzt. Über den endgültigen Erfolg kann man geteilter Ansicht sein. Gewiß jedoch ist, daß dieser Prozeß sehr viel Zeit erfordert. Eine Erziehung nach solchen Richtlinien würde wahrscheinlich Jahre dauern. Denn für mindestens fünfzehn Jahre – für viele manchmal noch länger – werden die Unreifen und Heranwachsenden in die bunt ausgestatteten Korridore der Gemeinschaftsschule gepfercht. Das mag sich scheinbar erfreulich gegen die frühere Praxis abheben, Kinder rücksichtslos in die Welt der Erwachsenen zu stürzen, sie mit sieben Jahren in die Lehre zu geben und mit zehn zu Schiffsjungen zu machen. Vor hundert Jahren waren die Erwachsenen stets in der Überzahl, sei es im Stall, in der Kaserne oder auf dem Schiffsdeck. In der fortschrittlichen Schule dagegen gibt es keine Erwachsenen, die zu fürchten oder nachzuahmen wären, denn der Lehrer (glaubt man) wird dafür bezahlt, sich in einer bestimmten Weise zu benehmen, und gilt deshalb als sonderbar und merkwürdig. Man überläßt es der Jugend, sich ihre eigene Welt zu schaffen. Wenn diese endlosen Jahre im Internat, abgeschnitten von der Gesellschaft Erwachsener, den Hintergrund des Teenager-Problems bilden, so wird der Vordergrund zweifelsohne vom Transportmittel beherrscht. Mit einem Motorrad oder Wagen, etwas Geld und einem schönen Wochenende kann die Jugend machen, was sie will. Auch ist es nicht leicht, ihnen die Benutzung des Wagens zu verwehren, denn er ist zu einem unerläßlichen Bestandteil ihres Lebens geworden, keine bloße Bequemlichkeit, sondern eine schiere Notwendigkeit, ohne die sie von der Welt abgeschnitten wären und verkümmern müßten. Daher verbringen sie ihre Wochenenden und Ferien nicht mit ihren Angehörigen, sondern miteinander. Sie verbleiben in der Teenagerwelt, bis sie schließlich Gymnasium oder Universität verlassen und zum ersten Mal ihren Lebensunterhalt verdienen müssen.

Zur Verteidigung der Jugend muß man allerdings zugeben, daß die Gemeinschaft, von der sie sich absondern wollen, nicht besonders erhebend ist. Dazu kommt leider, daß die Langweiligkeit dieses Erwachsenenmilieus etwas ist, was die Eltern mit Schweiß, Blut und Tränen erreicht haben. Für viele Ehepaare begann das Leben in einem Elendsviertel, wo Rauschgifthandel und Prostitution zu den geläufigen Formen des Lebensunterhalts gehörten, wo Gewalt an der Tagesordnung und Mord nichts Unbekanntes waren. Durch Autodidaktik und Sparen, durch Unternehmensgeist und Überstunden haben sie sich in eine höhere Gesellschaftsklasse hinaufgearbeitet. Für sie bedeutet die Vorortvilla mit ihrer Doppelgarage einen Erfolg, den sie früher kaum für möglich gehalten hätten. Für sie bedeutet ihr Name auf dem Türschild, das Gras auf dem Rasen etwas ungemein Romantisches. Das alles wurde durch Planen und Geduld, durch Sparsamkeit und Arbeit erworben. Aber was ihnen so wunderbar erscheint, bedeutet den Kindern, die vielleicht nie etwas anderes gekannt haben, gar nichts. Die Kinder sehen höchstens einen langweiligen Vorort, in dem die wichtigsten Ereignisse in einem harmlosen Skandal oder einer Masernepidemie gipfeln. »Hier passiert nie etwas!« klagen sie. Die Eltern dagegen können sich sehr wohl an eine Zeit erinnern, da zu viel und zu häufig etwas passierte. Ein friedliches Leben war ihr höchstes Ziel, das sie sogar jetzt noch entschlossen und energisch anstreben. Wieso eigentlich, vermögen sie sich kaum zu erklären. Es ist eine feststehende Tatsache geworden, daß ältere Menschen genügsam und spießig sind, daß die Jugend naturgemäß das Leben der Erwachsenen langweilt und sie nichts anderes im Sinn hat, als dem allem zu entfliehen.

Wenn schon die Vorstadt-Häuslichkeit für die Jugend keine Anziehungskraft besitzt, so reizt sie die Geschäftswelt womöglich noch weniger. Denn waren schon anfangs die Eintrittsbedingungen in diesen Klub fast unerschwinglich, so steigern sie sich, je mehr versucht wird, dagegen anzugehen. Der Eintrittspreis für einen verantwortlichen Posten ist manchmal eine allzu sklavische Befolgung der anerkannten Regeln. Noch dazu ist er oft mit einer allzu langen Bewährungszeit verbunden. Man betont häufig, daß heute der Schwerpunkt bei der Jugend liegt, aber wir leben in einer Zeit, die von Nehru, Macmillan, Mao Tse-tung, Adenauer, Franco und de Gaulle geprägt ist. Wenn die Alten sich an die Autorität klammern, verzweifeln nicht nur die Menschen in mittleren Jahren, sondern auch die Jugend, die es ablehnt, auch nur die erste Stufe der Leiter zu besteigen. Sich dreißig Jahre lang unterordnen zu müssen, ist entmutigend genug, aber die Aussicht auf eine fünfzigjährige Beschneidung der Entfaltungsmöglichkeit bringt alles zum Stillstand. Wenn dagegen die Alten das Feld räumten, gäbe die Beförderung der Männer in mittleren Jahren der Jugend eine Chance. Wo die Jugend durch ihre Ohnmacht aufs höchste gereizt ist, bedeutet es keine Lösung, einige wenige (Zwanzigjährige) in den Rat der Weisen und Guten zu rufen. Das richtige Mittel wäre, alle über sechzig zu pensionieren und dadurch Platz für die Siebenundzwanzigjährigen zu schaffen. Wenn ihnen die Aussicht winkt, innerhalb von sieben Jahren auf einen verantwortlichen Posten zu kommen, werden die Jungen rasch an Reife zunehmen. Wenn auch der Unterricht, dem wir ausgesetzt waren, uns beeinflussen mag, so ist der Einfluß, den Jahre bevorstehender Unselbständigkeit auf uns ausüben, ein noch stärkerer. Ebenso ist es sinnlos, Positionen einer scheinbaren Autorität zu schaffen. Das Junioren-Komitee eines Klubs täuscht niemand, am allerwenigsten dann, wenn die wirklichen Komitee-Mitglieder uralt sind. Die Verantwortung, die der Jugend geboten wird, muß keine sofortige sein, dafür aber echt.

Organisationen wie die Pfadfinder sind in der Absicht zweifellos ausgezeichnet, aber sie werden von Anfang an entscheidend dadurch beeinträchtigt, daß das Alter sie für die Jugend geplant hat. Tragfähiger ist eine Organisation, in der Erwachsene sich zu einem gemeinsamen Zweck an die Jugend wenden, wie etwa für die Bemannung eines Rettungsbootes oder zur Mitwirkung an einem historischen Festspiel. Im Gedanken an die Übel, die durch Unbeschäftigtheit entstehen, und in Ablehnung der Mittel, die Jugendorganisationen bieten, denkt sich der moderne Vater zuweilen selbst etwas aus, damit seine Kinder nichts anstellen. Er verkündet irgendein Projekt, wie den Bau eines Segelboots. Anfänglich herrscht große Begeisterung dafür, und im Hof beginnt bald ein munteres Treiben, genau wie Vater es sich gewünscht hatte. Die Knaben lungern nicht mehr tatenlos herum. Die Tochter wird von der Kaffeebar weggelockt, und Mutter ist entzückt, daß die Familie beisammen ist. Aber die gemeinsame Anstrengung erweist sich am Ende als künstlich. Das Boot ist, wenn es vom Stapel läuft, nicht besser und kaum billiger als ein fertig gekauftes. Ein Plexiglas-Rumpf wäre in mancher Beziehung vorzuziehen gewesen. Im Grunde hat Vater lediglich einen lehrreichen Zeitvertreib für sich und seine Kinder organisiert. Statt sie mit ihren Freunden spielen zu lassen, hat er sie gebeten, mit ihm zu spielen, nicht weil er ihre Hilfe brauchte, sondern weil er sie beschäftigen wollte. Die Unwahrscheinlichkeit der Situation kommt daher, daß Vater Börsenmakler ist und nichts mit Booten zu tun hat. Gehörte der Bau des Fahrzeugs zu seinem Beruf, so würde er den Kindern imponiert haben. Aber das Boot ist ein Spielzeug, und zwar ihres und nicht das seine. Zum Schluß bekommen sie das Gefühl, daß der ganze Plan kindisch ist, der Versuch eines Erwachsenen, sich an Kinderspielen zu beteiligen; auch ist es nicht unbedingt ein Spiel, das sie sich ausgesucht hätten. Vater muß das Boot allein fertigstellen und zugleich erkennen, daß sein Plan gescheitert ist. Gewiß hat er sie

vorübergehend vor Unfug bewahrt, aber die Knaben sind jetzt genauso verbummelt wie vorher, und die Tochter treibt sich von neuem mit unerwünschten Gestalten aus der Nachbarschaft herum. Gibt es keine andere Möglichkeit, fragt sich Vater?
Die einzige Antwort darauf ist, die Jugend mit der Aussicht auf eine beschleunigte Einsatzmöglichkeit ihrer Fähigkeiten heranwachsen zu lassen. Andernfalls scheut sie die Gesellschaft und will für immer in der Welt des Teenagers bleiben. Das ist der Ursprung der Bewegung, die fast gleichzeitig in so weit auseinanderliegenden Orten wie San Francisco, Berlin, Tokio, Amsterdam, London und Paris sich erhoben hat. Der Charakter der Bewegung wandelt sich zwar fortgesetzt, aber sie beginnt jedesmal mit dem Drang nach Flucht. Die Mittel zur Flucht sind im großen und ganzen etwa die folgenden: Sex, Geschwindigkeit und Lärm, Träume, Alkohol und Drogen. Sex kommt der Wirklichkeit noch am nächsten, weil der Partner immerhin eine wirkliche Person ist. Teilweise sexuell ist die Vorliebe des Motorradfahrers für Gewalt und Geschwindigkeit, die ihm ein Gefühl von Macht und Überlegenheit geben. Aber der Lärm der brüllenden Maschine verschmilzt mit den afrikanischen Rhythmen, dem modernen Ersatz für Musik. Der hypnotische Rhythmus der Schlagzeuge kann den Trancezustand herbeiführen, in welchem die wirkliche Welt zum Schatten und der Traum zur Wirklichkeit wird. Obwohl all diese Plattenspielerei, das Jammern und Wimmern ein trauriges Licht auf unsere Schulbildung wirft, richtet es wenig physischen Schaden an. Der Unfug beginnt, wenn die Flucht vor der Wirklichkeit durch Alkohol oder, wie heute üblich, durch Drogen beschleunigt wird. Tabak ist noch die mildeste Form, lediglich ein Entspannungsmittel, aber die Tendenz geht in Richtung derjenigen Mittel, die eine stärkere Illusion auslösen.
Es ist leicht, den Drogensüchtigen zu verdammen. Es ist noch leichter, den bannertragenden und bärtigen Schwachkopf auf einem kläglichen Protestmarsch zu verhöhnen. Viel schwieriger ist es jedoch, eine Welt der Erwachsenen zu schaffen, zu der die Jugend Zutritt begehrt. Indessen kann in jeder Familie, wo die Notwendigkeit für Verantwortung erkannt wird, ein Anfang gemacht werden. Das Geheimnis der Eltern ist, sich ein Ziel auszudenken, das sie allein nicht erreichen können, und die Kinder zur Mitarbeit für eine Sache heranzuziehen, die sonst nicht zu schaffen wäre. Ein völlig legitimes Ziel ist, Geld zu verdienen, vielleicht, um in eine bessere Wohnung zu ziehen. Die Anschaffung oder der Bau eines Landhäuschens mag eine gute Idee sein, besonders wenn eines der

Kinder von Anfang an zum Erben des Anwesens bestimmt wird. Der Erfolg elterlicher (oder jeder anderen Führerschaft) muß immer darauf beruhen, ein wünschenswertes Ziel zu haben, das fast – aber nie völlig – unerreichbar ist. Wo weder die Familie noch die Gemeinschaft andere Ziele als leicht erreichbare oder bereits erreichte haben, verlieren die Kinder das Interesse. Ob das Ziel idealistisch oder egoistisch ist, ist in diesem Zusammenhang gegenstandslos. Die Hauptsache ist, daß eine Anstrengung gemacht wird und die Kinder aufgefordert oder sogar genötigt werden, sich daran zu beteiligen. Damit drängt man sie dazu, erwachsen zu werden.

Um also die Probleme der Teenologie zu lösen, ist es wesentlich, eine Gesellschaft zu schaffen, in welcher die Jungen eine eigene Rolle haben, nicht als druckausübende Gruppe, nicht als Schüler, sondern als Junioren des Teams. Unter denen, die die rebellierende Jugend am lautesten verdammen, stehen an der Spitze von Organisationen alte Männer, von denen keiner unter sechzig jemals mehr als bloße Routinearbeit zu leisten hatte. Bei genügender Aufgeschrecktheit bieten diese betagten Autokraten den ganz Jungen gewisse Pauschalkonzessionen an. Wogegen sie sich aber verwahren, ist, abzudanken! Und daraus ergibt sich die Situation, die zum Aufstand führt und schließlich zu unserer Überlegung, daß die Jugend einfach widerlich ist. Indessen fürchten wir dermaßen für die bedrohten Institutionen, daß wir nur selten erkennen, welcher Schaden der Jugend selbst zugefügt wird. Denn das Brüllen von Maximen, ob sie von Malcolm X oder dem Vorsitzenden Mao stammen, ist ein Zeichen von Infantilität. Auch geht die Jugend nicht unversehrt aus einem Teenagerdasein hervor, das sich Lärm und Geschwindigkeit, Träumen und Drogen verschrieb. Selbst wenn sie keinen physischen Schaden genommen hat, ist die Chance, die sie wegwarf – die Chance, eine frühe geistige Reife zu erlangen –, vertan, auf immer vertan.

Mit oder ohne Teenager-Probleme hat die Hausfrau ihre Augenblicke der Verzweiflung, die meistens sofort vorbei sind, wenn sie sich aussprechen kann. Es gibt jedoch Zeiten des Überdrusses und der Langeweile, die sich nicht so leicht zerstreuen lassen. Auch der Ehemann ist gegen diese nicht immun, und es ist immerhin theoretisch möglich, daß sie ihn zu gleicher Zeit wie seine Frau niederwerfen – wie es ebenso möglich ist, wenn auch höchst unwahrscheinlich, daß zwei Kerzen im gleichen Augenblick verlöschen. Im allgemeinen ist anzunehmen, daß der Zusammenbruch des einen Partners die Vitalität des anderen steigert. Wenn nicht gerade beide vom selben Hummer vergiftet wurden, wird vermutlich einer von beiden jederzeit vernünftig und positiv reagieren. Der andere, weniger glückliche, klagt vielleicht darüber, daß alles so teuer ist, daß seine Töchter unmöglich geworden, das Haus feucht und seine besten Freunde aus der Nachbarschaft fortgezogen sind. Wenn er dem allen nur entfliehen könnte! In Wirklichkeit aber verlangt es ihn nur danach, sich selbst zu entfliehen. Dafür gibt es verschiedene Möglichkeiten, am geläufigsten ist die Flucht in die Krankheit. Allerdings müßte dann ein anderer im Hause gesund bleiben.

Daß der Patient mit der Krankheit im Bunde ist, läßt sich gewöhnlich am Zeitpunkt des Ausbruches ablesen. Man muß voraussetzen, daß der Keim dazu längst besteht und das Opfer seine unterbewußten Abwehrkräfte in dem Augenblick reduziert, wo es ihm paßt, krank zu werden. Für gewisse Menschen ist das die einzige Möglichkeit, einen Urlaub durchzusetzen. Im geeigneten Moment, wenn die Gäste fort sind oder die Kinder ins Internat zurückgekehrt, steigt die Temperatur, treten Schmerzen auf, der Zustand wird augenfällig, und die Krankheit ist da. Das heißt jedoch keineswegs, daß etwa simuliert wird. Die Beschwerden sind keine eingebildeten, die Symptome sind echt, die Krankheit nimmt ihren Lauf, und die Nachwirkungen werden entsprechend behandelt. Indessen hätte das Leiden ohne unterbewußte Zustimmung des Patienten nicht auftreten können, auch trat es nicht auf, solange die Umstände es nicht erlaubten. Zum Teil mag die Krankheit in dem Bedürfnis nach Ausspannung wurzeln, hinzu kommt aber das Bedürfnis nach Flucht. Denn solange die Patientin im Bett liegt, weicht sie nicht nur ihren täglichen Pflichten, sondern auch ihrer Alltagspersönlichkeit aus. Sie schlüpft in eine andere hinein, wie etwa die einer Märtyrerin, deren Tapferkeit einen Ansporn für alle anderen bedeutet. Da sie ihren Freunden um keinen Preis zur Last fallen möchte, hält sie sich fast bis zuletzt aufrecht. Erst hinterher erkennen die Leute, wie sehr sie gelitten haben muß. Bei aller Blässe und Schwäche hat sie stets an andere gedacht. Sie ist nicht nur eine Heilige, sondern auch eine unvergleichlich tapfere Person.

In der Krankheit wie im Krieg genügt bloßes Heldentum nicht. Um sich auszuwirken, braucht es ein Publikum. Es muß jemand da sein, der Anteil nimmt, der wahrnimmt, wie ein schmerzvolles Zucken von einem schwachen, schicksalsergebenen Lächeln begleitet wird. Ein zahlreicheres Publikum – Krankenschwestern, Ärzte und Verwandte – wäre natürlich vorzuziehen, aber wenigstens muß einer vorhanden sein, sonst wäre die ganze Sache zwecklos. Dieser eine ist entweder der Mann oder die Frau, je nachdem, wie der Fall liegt, und nichts setzt einer Ehe so zu, wie die betreffenden Spielregeln außer acht zu lassen. Wenn die Frau sagt: »Ich habe entsetzliche Kopfschmerzen«, muß der gute Ehemann sofort besorgt darauf eingehen: »Mein armer Schatz! Du siehst ja wirklich ganz blaß aus. Ich werde dir gleich mal den Puls fühlen. Nimm jetzt zwei Aspirintabletten, und ich hole dir eine kalte Kompresse. Dann ruf' ich im Klub an und bestelle, daß du heute nachmittag nicht zur Komitee-Sitzung kommen kannst.« Wie gefühllos ist dagegen der Ehemann, der ihre Beschwerden als eingebildet abtut. »Komisch«, sagt er, »denn *ansehen* tut man dir gar nichts. Vielleicht hast du einen Kater von der gestrigen Party. Auf Wiedersehen bis nach der Komitee-Sitzung.« Das ist ein Beispiel unmenschlicher Brutalität, wo der Gatte einfach nicht sehen will, daß die Gattin einer Krankheit zusteuert. Es ist ein entsetzlicher Gedanke, daß solche Männer existieren, sozusagen menschliche Ungeheuer, Sadisten, die keine Rücksicht auf das Leiden anderer kennen, aber selber beim geringsten Schnupfen unausstehlich sind. Schlimmer noch als alles bisher Beschriebene ist das Verhalten derjenigen, die bei Beschwerden des anderen mit eigenen Beschwerden aufwarten. In der Ehe ist es unerläßlich, daß nur einer auf einmal krank ist. Wer zuletzt klagt, hat die Vorfahrt, und der andere muß solange gesund bleiben, bis eine fiktive Verkehrsampel auf Grün schaltet. Es gibt jedoch Leute, die das Rotlicht überfahren, und das daraus entstehende Verbrechen mag sich unter folgendem Dialog abspielen:

»Ach, Tom, mir ist so schwach und schwindlig, als würde ich jeden Augenblick ohnmächtig.«

»Genauso geht's mir auch, Mabel. Vielleicht hilft ein Kognak.«

»Übel ist mir auch.«
»Mir ebenfalls. Das kommt sicher von dem Krabben-Cocktail. Der hat schon so komisch geschmeckt.«
»Es ist mein Herz – es schlägt ganz unregelmäßig.«
»Das habe ich auch manchmal. Das kommt von Blähungen.«
»Ich weiß einfach nicht, wie ich den Tag überstehen soll. Ich habe mir weiß Gott alle Mühe gegeben, auf den Beinen zu bleiben, aber der Schmerz in der Brust ist einfach entsetzlich.«
»*Du* hast das auch? Ich habe mich schon gefragt, ob ich womöglich Thrombose hätte.«
»Ich *muß* mich einfach hinlegen.«
»Das will ich auch. Aber würdest du bitte so gut sein, vorher den Arzt anzurufen?«
Die Situation, die dieser Dialog andeutet, ist sichtlich nicht erlaubt: Mann und Frau dürfen einfach nicht gleichzeitig krank werden. Toms Verhalten ist bedauerlich, weil Mabel ihr Leiden zuerst anmeldete. Als sie anfing: »Mir ist so schwach und schwindlig ...«, wäre es an ihm gewesen, zu antworten: »Komm, leg dich aufs Sofa, ich mach' dir einen Tee.«
Aber nicht nur vernachlässigt er seine offensichtliche Pflicht, sondern er muß auch seine eingebildeten Leiden zum besten geben. Wenn er so weitermacht, wird er die arme Frau noch ins Irrenhaus bringen. Von einer Frau Mitleid zu verlangen, die selber des Mitleids bedarf, ist nichts Geringeres als seelische Grausamkeit, und Gatten sind für Geringeres geschieden worden. Mithin ist die Situation dieses gedachten Falles außerordentlich ernst, und wir dürfen mit Recht fragen, ob die Ehe sie überstehen wird. Denn es steht schlecht um sie, wenn der Ehemann nicht warten kann, bis er an der Reihe ist. Alles hat seine Zeit, und kein Gatte dürfte krank werden, bevor seine Frau sich erholt hat.
Als Fluchtmöglichkeit kann man statt zur Krankheit zu Illusionsmitteln greifen, die zugleich eine Heilung begünstigen. Illusion läßt sich in Form von Fernsehen, Rundfunk, Kino oder Theater herstellen. Ihr Zweck ist, die eigene Umwelt auszuschalten und einem vorübergehend zu erlauben, in einer eingebildeten Welt zu leben. Manche Kinder verbringen ihre meiste Zeit mit Tagträumen und brauchen kaum Anregung durch Fernsehen oder Geschriebenes. Der Phantasie des Fernsehsüchtigen im 20. Jahrhundert bleibt immer weniger überlassen, und während Shakespeare von seinem Publikum verlangte, sich das Schlachtfeld vorzustellen, muß der moderne Filmproduzent das Blutbad in Technicolor zeigen. Allerdings wechselt diese Art von Unterhaltung mit aktuellen Bild-

berichten und Kommentaren zum Tagesgeschehen ab. Im Endergebnis werden Tatsachen mit Gestelltem verwechselt, was den Produzenten noch mehr verwirrt als sein Publikum. Die Verwechslung von echtem und Als-ob-Drama gereicht fast immer dem letzteren zum Vorteil, da der Staatsmann des Studios unendlich viel staatsmännischer wirkt als die Politiker, die wir wählen sollen. So führt uns eine Ideenverwechslung zu der Annahme, daß der Filmstar oder der beliebte Sänger jemand sei, den man zu den Tagesfragen hören sollte. Vor die Kamera geschleppt, wird der große Schauspieler und Theaterdirektor nach seiner Ansicht über Außenpolitik oder Handelsbilanz befragt. Er hat keine Ansicht. Warum sollte er auch? Er hat sein ganzes Leben damit verbracht, die Charaktere anderer, echter oder imaginärer Personen und ihre Ansichten dramatisch darzustellen. Er hätte nie einen erfolgreichen Schauspieler abgegeben, wäre er mit eigenen Ansichten vollgestopft gewesen. Aber das Fernsehpublikum erkennt nur langsam, daß administrative und schauspielerische Fähigkeiten nicht nur verschieden, sondern auch einander entgegengesetzt sind. Mit der Grenzverwischung zwischen Illusion und Wirklichkeit bieten Radio und Bildschirm eine immer geringere Möglichkeit, der Wirklichkeit zu entfliehen. Die Illusion der Geschichte wird ständig, nicht nur durch Werbefilme, unterbrochen, sondern durch die Unfähigkeit des Produzenten, sich darüber klarzuwerden, was er eigentlich will. *Unterhaltung* mag er freilich, soviel er will, bieten – Opernarien und witzige Komiker –, aber das verhilft natürlich nicht zur Flucht vor der Wirklichkeit. Es ist lediglich eine gewohnte Geräuschkulisse für anderweitige Beschäftigungen. Und die Dokumentarspiele des Fernsehens bieten erst recht keine Fluchtmöglichkeit, da sie meistens noch deprimierender sind als das Leben selbst.

Das angenehmste Mittel, der Wirklichkeit zu entfliehen, ist wohl immer noch der Roman. Den kann man sich selber aussuchen, er wird einem nicht von der Publikumsgeschmacksvorstellung eines Produzenten aufgedrängt. Außerdem sucht man ihn für eine bestimmte Situation oder Stimmung aus: einen Krimi für die Bahnfahrt, eine Liebesgeschichte für die Luftreise, einen historischen Roman fürs Bett und etwas Geruhsames für die Couch. Im Vergleich zum Fernsehspiel ist der Roman sehr viel länger und gibt dem Autor die Zeit, die Umwelt seiner Geschichte zu gestalten. Der Durchschnittsleser ist bereit, das Unmögliche zu akzeptieren, braucht aber Zeit, um sich hineinzulesen. Der verstorbene Mr. Ernest Brahma stellte alle seine Erzählungen in den Rahmen eines konventionellen Weidenmuster-Chinas, einer nicht näher bezeichneten, aber verschollenen Dynastie, wobei alle Dialoge feierlich, langatmig und unendlich höflich waren. Um sich an diese Stimmung zu gewöhnen, bedarf man einer gewissen Zeit, und das gleiche trifft für das Lesen eines Romans über König Arthur und Merlin zu. Illusion ist durchaus annehmbar, aber wir müssen wissen, worin sie besteht. In diesem Sinn ist der dreibändige viktorianische Roman am erfolgreichsten, wo die Leserin sich wirklich verlieren kann, wie etwa in Trollopes *Barchester*. Ein Werk von solcher Länge erlaubt es ihr, sich ganz in die Geschichte zu vertiefen, sich mit einer der Figuren zu identifizieren und in vielen der Situationen völlig aufzugehen. Das Buch hinzulegen, um beispielsweise einen Telefonanruf zu beantworten, kostet geradezu Überwindung, ein Beweis dafür, daß die Flucht aus der Wirklichkeit vollkommen war. Demgegenüber kann der Detektivroman, der ein Rätsel aufgibt, nur einmal gelesen werden und wird außerdem noch dadurch verdorben, daß man von vornherein ahnt, wer der Verbrecher ist. Aber die großen Romane des 19. Jahrhunderts beruhen nicht auf einem überraschenden Ausgang, sondern vermögen uns sogar bei einer zweiten und dritten Lesung in Bann zu halten. Dadurch, daß wir uns in einem anderen Milieu befinden, sind wir vorübergehend dem eigenen entflohen. Es mag sein, daß die Welt des Romans attraktiver ist als die Welt der Wirklichkeit, aber darauf kommt es weniger an, als daß sie eine andere ist. Solange wir lasen, waren wir weit, weit weg von zu Hause.

Vermag in dieser Hinsicht der Film sich mit dem Roman zu messen? Dafür dürfte seine Wirkung zu kurzlebig sein. Während unsere Aufmerksamkeit sich durch Kamera-Tricks rascher fesseln läßt, ist unsere innere Beteiligung geringer. Denn einmal ist ein Kinobesuch in gewisser Weise etwas Gesellschaftliches. Wir sind ein Teil des Publikums und wir nehmen die Reaktion des Publikums wahr. Wohl mögen wir uns gelegentlich einbilden, daß wir mit General Custer vorwärtsstürmen oder gegen die Zulus in Rorke's Drift kämpfen, doch werden wir sofort in die Gegenwart zurückgerufen, wenn in der Reihe hinter uns ein Kind »Aaaach!« schreit. Auch sind wir vermutlich nicht allein ins Kino gegangen. Somit wird das Erlebnis mit Mann oder Tochter geteilt, mit jemandem, der zu unserem Alltag gehört, mit jemandem, der unsere Begeisterung womöglich übertrieben findet. »Du findest Elizabeth Taylor *schön*?« fragt die Frau betont, und der Mann bemüht sich, zu erklären, daß Frauen *auf verschiedene Weise* reizvoll sein können (nicht wahr?), daß Miß Taylor ihr Publikum hat, er selber jedoch sich für siebenunddreißigjährige Blondinen interessiert. Deshalb müssen Kinogänger sehr aufpassen, im Bewußtsein, daß er oder sie nicht allein sind. Abgesehen davon wird der Stoff viel zu oft von den Schauspielern erdrückt und die Darstellung unglaubwürdig übertrieben. Einer von vielen Einwänden gegen den Publicity-Aufbau des Filmstars besteht darin, daß wir die ganze Zeit wissen, wer der Hauptdarsteller ist. Je mehr wir Rex Harrison als Schauspieler bewundern, um so weniger akzeptieren wir ihn als Julius Cäsar oder Professor Higgins. In vieler Beziehung mag der Film erbauend und instruktiv sein, aber nur selten versetzt er uns in eine andere Welt. Wir wissen zu viel über Besetzung und Schnitt, interessieren uns zu sehr dafür, zu erraten, was Original- oder was Studio-Aufnahmen sind. Man kann uns bezaubern, aber nur selten täuschen.

Unserem Verlangen, dem Alltag zu entfliehen, kommt das Theater noch weniger entgegen als das Kino. Denn ein Theaterbesuch ist erst recht ein gesellschaftlicher Akt, bei dem wir in den Pausen unsere Bekannten begrüßen und mit ihnen die Vorzüge der Besetzung diskutieren. Wenngleich wir uns nicht mehr wie früher für den Anlaß umziehen, sind wir noch immer sehr bewußt ein Teil des Publikums, das eine Rolle spielt und daher zum Erfolg oder Mißerfolg des Stückes beiträgt. Dergestalt an der Vorstellung beteiligt, verlieren wir uns nur begrenzt an ihr Thema. Theaterbesucher – außer die ganz jungen – bleiben, was sie sind, möchten distinguiert und gutangezogen wirken oder wollen zeigen, daß sie bereits erraten haben, wie das Stück ausgeht. Wo es sich um eine Repertoire- oder Liebhaber-Besetzung handelt, sind wir noch kritischer und stellen fest, daß Eric in älteren Rollen besser ist, oder erstaunen uns darüber, daß Margaret eine so gute Schauspielerin ist. Wer am meisten von einer Liebhaber-Bühne hat, sind selbstverständlich die Schauspieler. Für die passioniertesten von ihnen bietet die Rolle eine herrliche Flucht vor der Wirklichkeit. Das ist etwas, das wir uns merken sollten, selbst wenn wir lediglich Scharaden aufführen. Die intensive Arbeit, die eine Liebhaber-Bühne verlangt, muß gewiß einigermaßen abschrecken. Deshalb versteht man es kaum, daß sich so wenige dem verhältnismäßig leichteren Puppenspiel zuwenden. Das Puppentheater, das die Erlernung einer Rolle nicht erfordert, kann uns genausogut in eine andere Welt versetzen. Indem wir die Puppen über die Bretter laufen lassen, können wir die Rolle des Räubers oder der Hirtin, des Polizeigewaltigen oder der Königin spielen. In solchen Rollen können sich der Angestellte und die Hausfrau selig verlieren.

Das letzte und nächstliegende Mittel zur Flucht bieten Wochenende und Sommerurlaub. Wer in der Ebene wohnt, kann in die Berge fahren, wer in einer Waldlandschaft wohnt, an die See. Noch dazu kann ein Tätigkeitswechsel stattfinden, der Bankier sich in einen Angler und die abgehetzte Mutter in eine Dame, die Zeit hat, verwandeln. Wo die Kinder mitkommen, bleibt allerdings eine gewisse Kontinuität erhalten, denn auch Ferieneltern bleiben immer noch Eltern. Die Stimmung jedoch kann eine andere sein, zumindest eine entspannte. Die Schwierigkeit liegt in dem Geschmacksunterschied zwischen Mann und Frau. Bei der Möglichkeit eines langen Wochenendes träumt Vater sogleich von einem Camping-Platz an einem See oder einem Chalet. Mutter dagegen träumt eher von einem Luxusappartement in dem Grandhotel. Der Unterschied zwischen ihnen beruht darin, daß, während jedes Mädchen sich zu einer Frau entwickelt, der Knabe (in gewissem Grad) immer ein Knabe bleibt. Das Mädchen, das mit Puppen spielt, probt bereits die Rolle, die das Leben ihr zugedacht hat. Bei der Liebe zu einem Pony sind bereits ihre mütterlichen Gefühle beteiligt, und ihre emotionalen Bedürfnisse finden bereits Befriedigung. Der Knabe hingegen bereitet sich auf eine Karriere vor, die er als Erwachsener kaum verfolgen wird. Er sieht sich als Hinterwäldler oder Cowboy, als Geheimagent oder Unterseeboot-Kapitän. Der Traum verwirklicht sich nur in den seltensten Fällen, wie etwa wenn ein begeisterter Bastler Ingenieur wird. Aber wo hätten Knaben je ein Spiel gespielt, das auf Steuerberechnung oder Autoversicherung beruhte? In den meisten Fällen wird aus dem geträumten einsamen Jäger ein Buchprüfer. So ist die generelle Tendenz bei Männern, ewig unzufrieden zu sein und sehnsüchtig auf das abenteuerliche Leben zurückzublicken, das ihnen versagt blieb. Statt mit Staketen und Flinten, wilden Tieren und Verbrechern zu spielen, dürfen sie lediglich mit Schriftstücken spielen. In jedem leitenden Angestellten wohnt ein verzweifelter Tatmensch, der sich nach den Möglichkeiten sehnt, die ihm versagt wurden. Man kann sich fragen, ob Walter Mitty in einem wirklichen Notfall tatsächlich so entschlossen reagieren würde, aber an seinem Drang nach Entfaltung kann kein Zweifel bestehen. Er verrät sich in seinen Plänen, das Wochenende fern von zu Hause zu verbringen. Er sieht sich sofort als den Eskimo-Grenzer, den Erbauer der Holzhütte, den Angler und Jäger, der mit Messer und Axt umzugehen weiß. Die Vernunft mag das Lager im Urwald durch ein Kabinen-Boot ersetzen, aber dann sieht er sich bereits als alten Seebären, der vor dem Mast das Kap Hoorn umsegelte. Sobald er in seinem Element ist, ist der Mann, der Tag für Tag ins Büro geht, nicht wiederzuerkennen. Bei einem etwaigen Sturm auf See wird seine Familie in ihm zum ersten Male den Mann erblicken, der er wirklich ist.

Mutters Anschauungen sind völlig andere. Ihre Schulmädchenträume entsprachen zwar weit mehr dem Leben, das sie jetzt führt, aber dennoch unterscheidet es sich weitgehend von ihren hoffnungsvollen Erwartungen. Ihre Lieblingsromanze bezieht sich auf ein Mädchen, das sich in einen unbemittelten Jungen verliebte, nur um (auf ihrer Hochzeitsreise) zu erfahren, daß er in Wirklichkeit Millionär ist. Sie hatte ihn eben *um seiner selbst willen* geliebt, und die Tatsache, da er der künftige Erbe eines Herzogtums war, versetzte ihr einen ungeheuren Schock. Nachdem sie diese grausame Täuschung überlebt hat, erkennt sie allmählich, daß ihre Lage doch auch gewisse Vorteile habe – zum ersten in Gestalt ihrer Kammerzofe, zum zweiten in Gestalt ihres Küchenchefs – ein auf seine Weise wahres Genie. Dieser Traum erlaubte gewisse Abwandlungen, aber dem Sinn nach bescherte er ihr ein Stadt- und ein Landhaus, eine Menge von Dienstboten und unbeschränktes Kleidergeld. Das war die Vision des Schulmädchens, ihr Leben jedoch war dann wesentlich anders. Harry ist bestimmt der beste Ehemann der Welt, und sein Gehalt war, seit der letzten Erhöhung, sogar beinahe ausreichend. Er ist aber alles andere als ein verkleideter Millionär, da sein tatsächliches Einkommen eher geringer ist, als sie bei ihrer Verlobung vermutete. Den Luxus einer Haushaltshilfe können sie sich nicht leisten, aber ein neues Kleid läßt sich im Winterschlußverkauf immerhin erschwingen. Durch Abzahlungskäufe und sparsames Wirtschaften hat sie es zu einem gewissen Komfort gebracht; aber von Luxus ist bisher noch nie die Rede gewesen.

Für eine Mutter in solcher Lage bieten Camping-Ferien geringen Reiz. Ihre Rolle auf dem Segelboot oder im Wohnwagen besteht darin, Mahlzeiten zu kochen, während Vater das Deck abdichtet oder das Zelt aufbaut. Ihre Schulmädchenträume hatten nie etwas mit Zelten zu tun, und die Rolle der Heldin in Wildwestfilmen war für das Geschehen ziemlich unerheblich. Wenn sie nicht gerade in Gefangenschaft gerät (was man für normal halten würde), kann die Heldin nicht mehr tun, als das Gewehr des Helden neu zu laden, und ein Essen bereitet haben, wenn der letzte Indianer ins Gras gebissen hat. Aber diese Rolle bringt sie lediglich zum ewigen Geschirrwaschen zurück, wobei der einzige Unterschied darin besteht, daß die Wochenend-Küche sehr primitiv ist. Der

Kombüsenofen ist ein trauriger Ersatz für den elektrischen Herd, und man muß ständig damit rechnen, daß etwas vergessen worden ist, wie etwa der Flaschenöffner oder die Butter. »Aber ich dachte, *du* hättest sie eingepackt«, protestieren sie gegenseitig, und Vater versucht, sich vorzustellen, was wohl Buffalo Bill oder Sir Francis Chichester in der gleichen Kalamität gemacht hätten. Das Grundübel liegt jedoch darin, daß das, was für Väter ein Abenteuer ist, Mutter nur Unbequemlichkeiten macht. Versuche, den Flaschenhals herunterzuschießen, sind für sie lediglich lästig und kindisch. Wenn das etwa den Stil der Ferien bestimmen soll, wäre sie lieber zu Hause, wo sie weiß, wo ihre Kochtöpfe stehen und die Läden sich in unmittelbarer Nähe befinden. Im Vergleich zu dem Durchschnittsmann ist eine Frau unverbesserlich und unverzeihlich erwachsen.

Mutters Ferientraum beginnt damit, daß ihr kostspieliger Wagen vor das Hotel Super-Splendid vorfährt. In Begleitung ihres Mannes, der weit vornehmer aussieht als im wirklichen Leben, wird sie unter Bücklingen in das Gebäude geleitet. Während das Personal sich ihrer schweinsledernen Koffer bemächtigt, bemerkt sie, um das Kaminfeuer in der Halle geschart, eine Gruppe von Berühmtheiten. Im Mittelpunkt steht die Fürstin von Ruritanien, die sich plötzlich umsieht und entdeckt, wer die Neuangekommene ist. »Belinda, Liebste!« ruft sie aus, und Mutter wird sofort in den Kreis gezogen, zu dem der Herzog von Midlothian, Olga Stormow, Senator Stetson, die Gräfin Gleeson und der karolingische Botschafter gehören. Leicht erstaunt stellt sie fest, daß sie alle genau kennt und diese ihren Mann (jetzt um sechs Zentimeter gewachsen) mit einer gewissen Devotion behandeln. Der Hoteldirektor teilt ihr mit, daß sie die Kaiserliche Suite bekomme, die einen ziemlich einzigartigen Blick auf den See hat. »Das erklärte«, sagt die Fürstin mit gespieltem Unmut, »warum man sie mir nicht gegeben hat.« Bald zeigt es sich, daß sie nicht im Hotel speisen werden, weil der Herzog unbedingt alle zu einem Imbiß auf Schloß Blankenburg-Staritz mitnehmen will, das ihm sein alter Freund, der Freiherr von Sauerkraut, für die Saison zur Verfügung gestellt hat. »Nichts besonders Großartiges«, schränkt er ein, »aber das Schloß ist mit Scheinwerfern angestrahlt, und wir werden die Dudelsackpfeifer haben.« Sein Vorschlag wird von allen begeistert aufgenommen.

An dieser Stelle des Traums fährt ein zweiter Wagen vor dem Hotel vor. Mutter erkennt in ihm das Kabriolett ihrer Rivalin im Eltern-Lehrer-Verein, der unausstehlichen Mrs. Sandra Sopping.

Das Kabriolett hatte sich nach seinem Zusammenstoß mit dem Torpfosten in ein älteres Modell verwandelt, aber Sandra und ihr unscheinbarer Gatte haben den Kotflügel sichtlich geschickt selbst repariert, er mit dem Hammer, sie mit einer beinahe passenden Emailfarbe von Woolworth. Seit diesem kürzlichen Unfall scheint sie ziemlich gealtert zu sein, und Cedrics Anzug wirkt noch schlechter sitzend als bisher. Das Gespräch verstummt, als sie sich und ihr Gepäck zum Empfangstisch schleppen. Der Direktor ist verschwunden, und der Empfangschef ist ein Mensch von finsterem, drohendem Äußeren. Unter dem feindlichen Blick der Gruppe am Kamin murmeln die Soppings eingeschüchtert, daß sie telefonisch Zimmer bestellt hätten. Mit betonter Langsamkeit schlägt der Empfangschef sein Buch auf.

»Auf welchen Namen, sagten Sie?«

»Cedric Sopping.«

»Sopping ... Sopping. Unter diesem Namen habe ich keine Eintragung. Wann haben Sie telefoniert?«

»Am dreizehnten.«

»Vorgestern? So kurzfristig hätten wir kaum etwas frei gehabt. Das Hotel ist besetzt, und unsere sämtlichen Zimmer sind auf Jahre ausgebucht.«

»Aber Sie haben unsere Bestellung angenommen.«

»Bedauere, wir haben dafür keinerlei Unterlagen.«

»Das ist empörend!«

»Vielleicht liegt eine Verwechslung vor? Welche Nummer haben Sie angerufen?«

»Zufällig habe ich sie in meinem Tagebuch notiert ... ja, da steht sie ... Hotel Stupend, Niwitz 25 86 34.«

»Unsere Nummer, mein Herr, ist Sankt Moritz 6 00 00.«

»In welchem Hotel habe ich denn dann gebucht?«

An dieser Stelle schaltet sich Sandra gereizt mit der Frage ein, wie denn der Empfangschef das wissen solle. Indessen irrte sie sich abermals, denn der Empfangschef hat eine plötzliche Eingebung. Er greift zum Telefonbuch und überfliegt Rubrik J.

»Die von Ihnen angerufene Nummer dürfte die des Hotels Imbezilia sein.«

»Und wo liegt das?« fragt Sandra.

Der Mann blättert gelangweilt im Michelin und liest den betreffenden Text mit tönender Stimme vor:

»*Imbezilia*, Schmellengasse 423, Nitwitzenberg (297 000 Einwohner), neunte Kategorie, 5 Schlafzimmer, kein Bad, keine Verpflegung, sonntags geschlossen.«

»Um Gottes willen«, sagt Sandra. »Heute ist Freitag, und alle anderen Hotels werden überfüllt sein.«
»Das dürfte anzunehmen sein, Madam.«
»Wie weit ist denn diese Bruchbude von hier?«
»Etwa vierhundertfünfzig Kilometer.«
»Um hinzukommen, müssen wir noch mal tanken!«
»Dabei fällt mir ein«, sagt der unglückliche Cedric, »ich scheine meine Brieftasche vergessen zu haben . . .«
»Aber deine Kreditkarte hast du doch?«
»Die steckt in der Brieftasche . . . ich habe mich schon gefragt, ob *du* vielleicht Geld bei dir hast.«
»Wie sollte ich? Und was machen wir jetzt?«
»Dieses Hotel wird uns doch sicherlich einen Scheck einlösen?«
Der Mann am Empfang sieht noch drohender aus als zuvor. Der Ton seiner Stimme ist um etwa zehn Grad kälter geworden, als er bei ihrer Ankunft war.
»Ich werde den zweiten Direktor fragen, Madam. Ich darf aber wohl annehmen, daß Sie irgendwelche Ausweise bei sich haben oder jemandem unserer hier anwesenden Gäste bekannt sind?«
Cedrics Ausweispapiere befinden sich natürlich in der fehlenden Brieftasche, aber in diesem Augenblick entdeckt Sandra Mutter und schluchzt fast vor Erleichterung. Als sie auf sie zueilt, stolpert sie über das Tigerfell und schlägt sich prompt den Knöchel an. Sich mühsam aufraffend, nähert sie sich der Gruppe am Kamin, von der sie mit unverhülltem Abscheu betrachtet wird.
»Wie herrlich, dich zu sehen!« stammelt sie. »Sag doch bitte dem Empfangschef, daß wir dir als deine Nachbarn in Whatsitville bekannt sind.«
Es ist totenstill, während Mutter Sandras Äußeres prüft und sie eingehend von Kopf bis Fuß mustert. Ihre anschließende Antwort ist jedoch nicht an Sandra gerichtet, sondern an den Empfangschef:
»Ich habe die Frau noch nie in meinem Leben gesehen!«

Wie wir festgestellt haben, bieten Wochenende und Sommerurlaub gewisse Möglichkeiten zu Ferien vom Ich. Vater kann eventuell Pionier und Seebär und Mutter die große Dame spielen, der es auf Geld oder Zeit nicht ankommt. Wo beide die Spielregeln einhalten, wechseln die Rollen sich ab, die Frau fügt sich den Unbequemlichkeiten des Segelboots, und der Mann erträgt die Öde der Hotelhalle. Solange die Kinder jung sind, steht das Boot vermutlich im Vordergrund, aber mit ihrem Älterwerden kann sich die Lage verschieben. Bis dahin jedoch müssen Mann wie Frau intensiv über Reisen nachdenken, nicht nur über eine Reise an einen Wintersportplatz, sondern an ausgefallenere Orte. Denn sie sind es ihrer gesellschaftlichen Stellung schuldig, etwas mehr von der Welt gesehen zu haben. Zudem reden ihre Freunde dauernd von Marokko und Marakesch, Brindisi, Brasilien und Basel. Neben diesen kommen sie sich minderwertig vor, weil sie nicht mitreden, sondern nur Erklärungen stammeln können, weshalb sie nicht mehr von der Welt kennen. Die Zeit des Abenteuers scheint jetzt gekommen zu sein, auf dem Kaffeetisch häufen sich Broschüren von Reiseagenturen, an Hand welcher sie die Vorzüge von Portugal, Mozambique, Schottland, Syrien, Paraguay, Norwegen und Spanien vergleichen. Jedoch können sie unmöglich eine Wahl treffen, wenn sie nicht von vornherein wissen, was sie wollen.

Abgesehen von diplomatischen, geschäftlichen oder kriegsbedingten Reisen gibt es für Auslandsreisen drei Motive. In erster Linie möchte man dem Winter entfliehen und ein wärmeres Klima aufsuchen. Der Hauptvorteil solcher Reisen ist rein negativ, der Entschluß dazu wird etwa aus Gesprächen wie dem folgenden geboren:

George: Der Winter hier ist vermutlich ziemlich mild.

Olive: Hast du eine Ahnung! Im vergangenen Januar hatten wir 60 Zentimeter Schnee und mußten die Wagen vor dem Supermarkt stehen lassen. Zwei Tage lang konnten wir nicht mal aus dem Haus.

Sarah: Natürlich behaupten wir alle, daß es eine ganz große Ausnahme gewesen ist, und das war's wahrscheinlich auch. Deshalb waren wir auch völlig unvorbereitet, ohne jede Schneepflüge und so weiter. Die Kinder fanden es herrlich!

George: Wie lange hat es denn gedauert?

Olive: Die Kinder konnten zwei Tage lang nicht in die Schule – dann kam das Wochenende. Am Dienstag war der Schnee weg.

George: Und du, Brian? Du sagts ja gar nichts. Ich seh' dich, wie du den Krankenwagen aus der Schneeverwehung ausgegraben hast.
Brian (bescheiden): Ich fürchte nein, George. Ich war gar nicht hier. Ich war, wie immer im Januar, auf meinem Besitz auf den Bahamas.

Es gehört natürlich eine gewisse Kunst dazu, das mit dem nötigen Effekt zu sagen. Einmal muß man sich die Bemerkung bis zum letzten Moment aufsparen, um sie dann ohne eine Spur von allzu sichtlicher Befriedigung zu äußern, und ihr zugleich einen ganz leisen Vorwurf beimischen. Wo dachten sie denn, daß er im Januar wäre? Sollte man denn nicht annehmen, daß zu dieser Jahreszeit jeder Prominente sich in Westindien aufhalte? Das müßte doch allgemein bekannt sein! Die eleganten Restaurants in London und New York sind dann leer, und die paar Kunden, die sich dann einfinden, werden von den Kellnern mit Verachtung behandelt. Das alles müssen Brians Worte andeuten und sollten außerdem die ganze Tischgesellschaft in peinliches Schweigen versetzen. Gleich darauf spricht jeder munter über etwas anderes, aber Brian erfährt eine neue Achtung. Denn Brian hat ja alle übertrumpft.

Wenn somit Abwesenheit ein Prestigegefühl zu vermitteln vermag, bleibt der Vorwand, den Winter vermeiden zu wollen, immer noch etwas Negatives. Der palmenbestandene Strand kann außerordentlich langweilig sein, und die Befriedigung der Gäste besteht hauptsächlich in dem Bewußtsein, daß man sich hier befindet. Das trifft sogar auf die Kreuzfahrt im Winter zu, deren Sinnlosigkeit noch evidenter ist. Man kann sich mit nichts anderem als Essen, Bordspielen, Schwimmen, Lesen, Hazardspielen, Trinken, Tanzen und Schlafen beschäftigen. Die gebotene Unterhaltung wäre durchaus angemessen für junge Leute zwischen 18 und 25, die alle diese Tätigkeiten mit Flirt und Romantik verquicken würden. Aber die wenigsten jungen Menschen können sich eine solche Reise leisten, so daß diejenigen, die über Geld und Zeit verfügen, meist über sechzig sind. Und selbst diese, die vielleicht bis vor kurzem noch angestrengt arbeiteten, haben irgendwie ein schlechtes Gewissen. Im Vergleich zu der Schiffsbesatzung empfinden sie sich als nutzlose, verschwenderische, langweilige Müßiggänger. Auf diesen Schuldkomplex reagieren sie mit kindischen Witzen und Faschingshütchen und werden von den Arbeitenden um so mehr bemitleidet. Etwas ganz anderes ist die Atmosphäre auf einem Schiff, das einen vernünftigen Bestimmungsort hat und dessen Passagiere sich noch immer ihren Lebensunterhalt verdienen müssen. Sie spielen möglicherweise dieselben Spiele, aber aus anderen Gründen, wie etwa um in Form zu bleiben, und wenn man fragt, zu welchem Zweck, so antworten sie darauf prompt und präzise, während Passagiere einer Kreuzfahrt nur lahm erwidern: »Um mich überfressen zu können.«

Besser als jede heute gebotene Kreuzfahrt wären etwa eine schwimmende Direktoren-Konferenz oder ein akademischer Kurzlehrgang auf See. Das erste könnte Vorträge und Seminare über Organisation und Methode mit Gymnastik, Medizin-Ball und Sauna verbinden. Der zweite Lehrgang in (etwa) Spanisch, Navigation, Ozeanographie und Kunst, um die Landausflüge zu untermauern. Auf diesen gezielten Reisen könnte die Schiffsmannschaft sehr wohl aus Werkstudenten bestehen, die sich ihre Überfahrt verdienen und gleichzeitig von solchen Vorträgen profitieren. Das alles hat es in kleinem Rahmen bereits gegeben, aber die Reeder haben im allgemeinen nicht erkannt, daß der Urlaub etwas Zusätzliches vermitteln könnte, einen positiven Gewinn, der die Ausgabe rechtfertigt. Mit der geistigen Anregung sollte auch ein Gesundheitsprogramm geboten werden. So könnten ärztliche Untersuchungen, besondere Diät, Leibesübungen und garantierte Gewichtsabnahme am Ende der Reise im Fahrpreis enthalten sein. Man sagt, daß der Sinn im Reisen und nicht im Ankommen liege, was zutreffen mag. Das setzt jedoch einen Sinn voraus, den die Schiffahrtslinien im allgemeinen nicht liefern. Mit einer Auslandsreise im Winter übertrumpfen wir vielleicht solche, die sich keine leisten können. Etwas, das bloß im Negativen wurzelt, genügt sicherlich nicht.

Zweitens kann man reisen, um hinterher damit zu renommieren. Die Reise selbst ist gewöhnlich eine Plage. Handelt es sich um gut durchorganisierte Pauschalreisen, muß die Touristin sich an den Stundenplan halten. Das versetzt sie in die Stimmung ihrer Schulausflüge zurück, sie benimmt sich unwillkürlich kindisch, streckt dem Reiseleiter hinter seinem Rücken die Zunge heraus oder wirft bei Tisch mit Brotkügelchen. Reist man privat, muß man sich mit Bettlern, Zollbeamten, Devisenschwierigkeiten, gestohlenem Gepäck, Moskitos, Ruhr, Sonnenbrand und Schweiß herumschlagen und abfinden. Auch hat der Tourist das Gefühl, selber Gegenstand der Neugier zu sein, der betrogen, verspottet, bemitleidet und verachtet wird. Der richtig angezogene und erfahrene Reisende wird die Bettler mit ein paar Schimpfworten im passenden Dialekt los, steigt in den Wagen, der ihn abholen kam, ein, und ergeht sich alsbald auf der Klubveranda. Der Tourist trägt wie üblich Bermuda-Shorts, setzt sich einen buntbebänderten Strohhut auf, schlingt seine Kamera über die Schulter und tritt in ein Fegefeuer ein, das für seine Frau sogar noch schlimmer ist. Die Kamera ist das Abzeichen seiner entsetzlichen Drittklassigkeit. Sie sagt aus, daß ihm nicht so sehr daran liegt, etwas zu sehen, als später damit angeben zu können. Das einzige, was er dem Reisen abgewinnt, sind die photographierten Beweisstücke, die er nach Hause bringt. Denn für alle Verachtung und Unbequemlichkeit, die der Tourist im fremden Land zu ertragen hat, kompensiert die Aussicht auf einen Dias-Abend im kommenden Herbst vor geladenen Gästen; das zweifelhafte Vergnügen, das er für diese oft bedeutet, illustriert der nachstehende Dialog:

Hausherr: Das ist Hongkong bei Sonnenuntergang, wo gerade die Lichter angehen. Die Dschunken und Sampane, die Sie im Vordergrund sehen, haben sich seit Jahrhunderten nicht verändert. Sie werden von Tausenden von Menschen bewohnt, die kein anderes Zuhause haben.
Hausherrin: Verzeih, bitte, aber das ist, glaube ich, Penang.
Hausherr: Aber das da hinten ist doch der Berg, wo die Gorillas leben.
Hausherrin: Du meinst die Paviane, Schatz. Das ist der Penang-Berg, auf den man mit der Seilbahn hinauffährt.
Hausherr: Aber, Liebling, ich weiß ganz genau, daß ich diese Aufnahme bei der Star-Fähre machte, und du siehst doch selber, daß die Boote alle chinesisch sind.
Hausfrau: Gewiß, Liebling, aber auch in Penang sind die Boote chinesisch. Zufällig habe *ich* die Aufnahme gemacht, und außerdem bist *du* links im Bild.
Hausherr: Ach, Unsinn! So einen Hut hab ich nie getragen.
Hausfrau: Du guckst auf die falsche Person, Liebling. Das ist ein malaiischer Kuli, und du stehst links von *ihm.*
Hausherr: Es tut mir leid, dir zu widersprechen, aber der Mann trägt eine Kamera über der Schulter. Wieso hatte *er* die Kamera, wenn *du* sie benutztest?
Hausfrau: Ich habe die Aufnahme mit *meiner* Kamera gemacht.
Hausherr: Aber deine Kamera wurde dir doch in Singapur gestohlen. In Hongkong hast du sie schon nicht mehr gehabt.
Hausfrau: Gewiß, Liebling, aber in *Penang* – wo dieses Bild von *mir* aufgenommen wurde, hatte ich sie noch.
Hausherr: Nun, Leute, da wir einander nicht überzeugen können, gehe ich weiter. Das nächste Bild zeigt eine Jacht auf spiegelglatter See. Ich bin recht stolz auf diese Naturstudie.

Hausfrau: Es steht auf dem Kopf.
Hausherr: Du meinst, das Spiegelbild ist in Wirklichkeit die Jacht?
Hausfrau: Ja, stecke es mal andersherum, da wirst du schon sehen.
Hausherr (fummelt mit dem Dia und steckt es zweimal verkehrt ein): Weiß Gott, du hast recht, Liebling, obwohl es eigentlich kaum einen Unterschied macht ... Jedenfalls ist dies eine Jacht im Hafen von Singapur.
Hausfrau: Es lag in Kobe.
Hausherr: Sie lag in Kobe, willst du wohl sagen ...

Den vergewaltigten Zuschauern ist es völlig egal, was die Bilder darstellen oder wie herum sie gezeigt werden. Das einzige, woran sie denken, ist die Zeit, die sie vor ihnen verbringen müssen. Wenn jedes Dia anderthalb Minuten (den jetzigen Durchschnitt) beansprucht und zweitausend vorhanden sind, die sich über den gesamten Erdball erstrecken, sitzen sie noch übermorgen da. Der Anschein verzückter Aufmerksamkeit beruht auf den Kopfrechnungen, die jeder für sich anstellt, und der Ausdruck von Verstimmtheit auf dem Resultat, zu dem er gekommen ist.
Schlimmer noch ist der gefilmte Reisebericht. Die Grundidee mag zwar dieselbe sein, aber das technische Niveau ist erheblich tiefer. Während ein Film als Erinnerung an unsere Kinder, wie sie mit dem Hund spielen oder an Babys ersten Tag am Strand verhältnismäßig harmlos ist, wird er tödlich, sobald er sich zum Reisebericht auswächst. Das liegt daran, daß der Kameramann schon an der ersten Bedingung seiner Kunst scheitert: nämlich, daß sich (gewöhnlich) der Gegenstand und nicht die Kamera bewegen soll. Beeindruckt vom Taj-Mahal oder dem Albert-Memorial schwenkt er die Kamera nach allen Richtungen, um ja keine Einzelheit auszulassen. Bei der Vorführung solcher Filme, die so kopflos das Statische festhalten wollen, ist Kindern tatsächlich übel geworden. Der Parthenon (oder wie immer das Baudenkmal heißen mag) ist nun einmal kein geeignetes Motiv für den Film. Ideal hingegen ist das Finish eines Pferderennens oder der Höhepunkt eines Boxkampfes. Aber von solchen Augenblicken will die Touristin gar nicht berichten. Ihr kommt es einzig und allein darauf an, den Nachweis zu führen, daß sie die Pyramiden, das Kapitol und den Eiffelturm gesehen hat. Den führt sie mit einer surrenden Kamera und durchsetzt die Architektur mit Aufnahmen von ihrer Schwägerin. Der Haupteinwand gegen ein solches Verfahren ist, daß die Filmsüchtige sich im Grunde gar nichts aus ihrem Reiseziel macht. Wäre sie wirklich in Venedig verliebt, so hätte sie ihre Kamera im

Hotel gelassen und ließe sich von der Ca' d'Ora verzaubern. Wer Rothenburg oder La Rochelle wirklich liebt, will nicht unbedingt seine Freude daran mit anderen teilen. Zunächst einmal weiß sie, daß dies gar nicht möglich ist, daß Venedig kein Ort ist, der photographiert werden muß, sondern ein Erlebnis. Sie weiß ferner, daß der Zauber der Kulisse nur zum Teil ein optischer ist, daß zum Alpenpaß der Klang der Glocken und der Duft der Wiesenblumen gehört. Und schließlich, daß jeder, der die Weite liebt, sein eigenes Kärnten entdecken will und sich mit keinem anderen begnügt.

Es gibt jedoch einen dritten Reisezweck, und der ist, die Welt wirklich kennenzulernen. Das bedeutet, viel herumgekommen zu sein und über einige fremde Länder genau Bescheid zu wissen. Ein solches Wissen besitzt in vollem Umfang nur der, der jung und mittellos gereist ist. Wenn man erst im mittleren Alter darauf kommt, daß Reisen den Horizont erweitert, so ist das zwar lobenswert, aber kein Ersatz für Reisen, die man in der Jugend versäumt hat. Aus der Sicht eines Luxushotels wirkt das Ausland ganz anders als mit den Augen eines fast mittellosen Wanderburschen, und man sollte es von beiden Standpunkten aus kennen. Für die Jugend sind fremde Länder voller Wunder und Abenteuer und vibrieren im Goldschleier romantischer Möglichkeiten. In späteren Jahren sind wir dazu geneigt, Komfort und Gedeckpreis zu kritisieren sowie die schlechten Betten und den Lärm, den das Leeren der Mülltonnen verursacht. Damit bringen wir uns zwar nicht um den Sinn einer erst spät im Leben unternommenen Reise, er ist aber ein Hinweis dafür, daß wir ab eines gewissen Alters mit einer bestimmten Absicht reisen sollten. Am besten wäre es, sich auf besondere Aspekte eines einzelnen Landes oder auch nur auf einen Aspekt einer einzelnen Stadt zu spezialisieren. Während ein solcher Bildungsprozeß mit einer allgemeinen Übersicht beginnen und auf intensive Lektüre vielleicht ein kurzer Besuch jeden Erdteils folgen sollte, sollte er eine gewisse Forscherqualität erreichen. Allein die Tatsache, daß man es zur Autorität auf einem noch so kleinen Gebiet eines völlig unbekannten Gegenstands gebracht hat, ist schon außerordentlich befriedigend. Während man die Ergebnisse der Gegenwartsforschung vielleicht nur am Rande kennt, weiß man künftig, wie so etwas gemacht wird.

In vergangenen Zeiten verlief der Bildungsweg eines englischen Gentlemans folgendermaßen: Er begann mit der Lateinschule, wo ihm die Grundbegriffe von Latein und Mathematik beigebracht wurden. Dann ging er auf die Universität, wo er nicht unbedingt einen akademischen Grad zu erlangen brauchte, wo er aber immerhin lernte zu lernen. Mit einer gewissen Ahnung von Theologie und Philosophie und inzwischen erworbenen Kenntnissen im Reiten und Fechten kam der junge Gentleman jetzt auf eine der alten Rechtsschulen Londons. Ohne sich tatsächlich als Verteidiger zu betätigen, erweiterte er seine Kenntnisse über Recht und städtisches Leben und lernte übrigens daneben oft ein Musikinstrument spielen. Dann war die Zeit der Bildungsreise gekommen, eine gemächliche Fahrt durch Frankreich, Österreich und Italien. Der Zweck dieser Übung, die ein bis zwei Jahre dauerte, bestand darin, sich Sprachen anzueignen und Ruinen der Antike zu besichtigen. Ausgerüstet mit einem Stapel von Empfehlungsbriefen, wurde der junge Mann gelegentlich von verschiedenen Monarchen und deren Ratgebern empfangen. In der Kunst der Diplomatie nicht mehr ganz unbewandert, vervollkommnet er seine Ausbildung als Freiwilliger in einem geeigneten Feldzug, der sich höchstwahrscheinlich in den Niederlanden abspielt. Zumindest für einige Monate beteiligt er sich an der im Gang befindlichen Belagerung, schläft im Zelt und kommt unter Beschuß. Ein Ausfall der Garnison mag ein Scharmützel ergeben, ein Nahkampf eine leichte Säbelwunde verursachen. Nachdem er sich nach allen Richtungen ausgezeichnet hatte, kam der junge Gentleman sowohl als Weltmann wie zum Staatsdienst geeignet in die Heimat zurück.

Sich aus solchen Gründen in der Welt umsehen zu wollen, ist ein legitimer Grund. Unsere internationalen Beziehungen würden sich wesentlich verbessern, wenn nur Politiker mit ähnlicher Qualifikation zur Wahl kommen dürften. Allerdings gibt es dabei eine Gefahr, die wir nicht außer acht lassen dürfen: Menschen, die miteinander reisen, geraten leicht in Streit. Das Tempo des Fluges, die Veränderungen der Uhrzeit, Devisenbestimmungen und Sprachschwierigkeiten führen zu wachsender Spannung. Sie wird jedoch nicht im gleichen Maß von Mann und Frau oder zwei zusammen reisenden Freunden empfunden. Einer von beiden ist gelassener und sagt dem anderen, er solle sich nicht so aufregen. Aber damit besonders wenn der eine gemächlich die Zeitung liest, während der andere verzweifelt packt, wird nichts gebessert, im Gegenteil. Durch solchen Über-Optimismus werden Dinge vergessen – womöglich Dinge wie ein Impfschein oder die Fahrkarten. Die Wahrscheinlichkeit, daß so etwas passieren könnte – auf der Reise nach Amsterdam passierte es wirklich –, veranlaßt den anderen, sich noch mehr aufzuregen. Aus Reaktion darauf will der eine erst recht nicht früh genug aufstehen, weshalb der andere gar nicht erst einschlafen kann. Die daraus entstehende Gereiztheit liegt nicht nur an einem von beiden, denn beide haben einander zum Äußersten getrieben, und in umgekehrten Verhältnissen könnten sie ebensogut die Rollen vertauschen.

Wenn ein solcher Zusammenprall der Temperamente am Flughafen stattfindet, könnte sich die Szene etwa folgendermaßen abspielen:

Sheila: Ich hole noch Zeitungen und Aspirin.
Frederick: Ich sage dir die ganze Zeit, du verpaßt noch den Flug.
Sheila: Ich brauche auch noch Eau de Cologne und Parfum.
Frederick: Aber was machst du, wenn die Maschine dann weg ist?
Sheila: Ich will einen Kaffee. Und meine Tante anrufen.
Frederick: Ich kümmere mich um die Fahrkarten. Dein ewiges Was-du-willst halte ich nicht mehr aus.
Sheila: Mir fällt eben ein, ich brauch' einen Hut.
Frederick: Pässe, Devisen, Gepäckschein ...
Sheila: Mein Gott – ich sehe entsetzlich aus!
Frederick: Ich will uns lieber versichern und die Zeit vergleichen.
Sheila: Ich will unbedingt Gin-Tonic.
(Der Flug wird abgerufen)
Sheila: Ich sitze gern am hintersten Ende –
Frederick: Aber vorn sitzt man angeblich am besten.
Sheila: Im Fall, daß die Motoren ausfallen.
Frederick: Hast du das wohl schon erlebt?
Sheila: Ich will lesen. Und du wirst schlafen wollen.
Frederick: Du willst rauchen. Und mir ist der Rauch zuwider.
Frederick: Und ich finde, dieser Flug ist die Hölle.
Sheila: Dein Egoismus bringt mich zum Weinen.

Bei gemeinsamen Reisen werden Liebe oder Freundschaft auf eine harte Probe gestellt, was manchen berechtigen mag, zu Hause zu bleiben. Die größten Spannungen entstehen, wenn der eine sprachkundig ist und der andere nicht. Deshalb vermeide man lieber Situationen, in denen die Überlegenheit des einen über den anderen allzu deutlich wird. Bei einer Reise nach Labrador müßten Sheila und Frederick zumindest auf gleicher Ebene beginnen, da keiner von beiden weiß, welche Sprache die Labrador-Leute verstehen.

Denselben Urlaub mit denselben Freunden zu wiederholen, ist fast immer ein Fehler. Angenommen, Sie und Ihr Mann verabredeten sich voriges Jahr mit Roger und Myra Flint in Dubrovnik. Bei Ihrem dortigen Aufenthalt in einem herrlichen Hotel und bei prachtvollem Wetter trafen Sie unvermutet Ihre alte Schulfreundin Barbara Steel und ihren Mann Tony. Die Steels hatten sich bereits mit Helen Black (der kürzlich geschiedenen Romanschriftstellerin) angefreundet und mit einem alleinstehenden Junggesellen namens Timothy Butt. Es ergaben sich einige wunderbare gemeinsame Ausflüge in das Landinnere, und abends saß man zusammen auf der Terrasse. Die Gespräche beim Kaffee waren immer anregend und lustig, da die Flints und die Steels stets uneinig waren, die Frauen aber manchmal die Seiten vertauschten. Helenes Kenntnisse des Landes – dem Schauplatz ihres nächsten Buches – und ihr etwas anrüchiger Ruf machten den Aufenthalt doppelt interessant. Und der arme Tony war sowieso daran gewöhnt, aufgezogen zu werden, und schien sich irgendwie an dieser Rolle zu freuen. Michael, Ihr Mann, gilt sonst nicht als besonders witzig, aber durch irgend etwas in der Situation wirkten seine Reden unerhört komisch, wie etwa, wenn er behauptete, daß Timothy britischer Konsul sei. Wenn Timothy das abstritt, fragte Michael ihn, warum er sich denn anfangs für den Konsul ausgegeben habe. Sie ließen sich sogar überreden, zu singen, und hinterher sagten alle, Sie seien fabelhaft gewesen. Ohne sonst viel von sich herzumachen, haben Sie sich am letzten Abend ihres Aufenthalts anscheinend selbst übertroffen. Als man sich trennte, schworen alle, sich im nächsten Jahr am selben Ort wiederzutreffen. Inzwischen hat man sich zu Weihnachten geschrieben, aber warum sollte man den Urlaub nicht in der gleichen Zusammensetzung wiederholen?

In Wirklichkeit aber läßt sich nichts von seinem Zauber wieder einfangen. Es ist viel besser, woanders hinzufahren, denn die geplante Wiederholung würde aus nachstehend beschriebenen Gründen schiefgehen und die Erinnerung an den früheren Erfolg trüben:

In Dubrovnik angekommen, erfahren Sie, daß die Flints erst eine Woche später eintreffen können und Helen überhaupt nur in der letzten Woche. Ohne die Flints sind die Steels langweilige, ganz humorlose Leute. Timothy, der ursprünglich kommen wollte, sagte im letzten Augenblick ab, weil er sich in eine rothaarige Maniküre des Hotels Sheralto bei Parc Lane verliebt hat, und Helen ist, wenn sie endlich eintrifft, miserabel gelaunt, da ihr jugoslawisches Buch von der Kritik verrissen wurde. Alle bemühen sich verzweifelt, die einstige Stimmung von Herzlichkeit, Heiterkeit und Witz neu erstehen zu lassen, aber es bleibt ein Krampf. Am letzten Abend haben Sie auf Grund eines Hustens keine Stimme. Und Michael war von Anfang an verstimmt, weil er lieber nach Persepolis gefahren wäre, und flirtet ganz offen mit Helen. Sein Flirt ist natürlich nicht ernst gemeint, zur Sorge besteht kein

Anlaß, aber Sie fühlen sich zurückgesetzt. Um Ihrem Mann eine Lehre zu erteilen, lassen Sie sich von Roger küssen, um es hinterher zu bereuen, und Myras Kühle Ihnen gegenüber würde dem allgemeinen Abschied eine formelle Note geben. Das Versprechen, in Verbindung zu bleiben, ist sowieso nicht ernst gemeint, aber wenn nun auch noch das Wetter umschlägt, ist das das Ende. Welches Pech übrigens, daß der einzige Film, der geboten wurde, eine synchronisierte Version des *Panzerkreuzer Potemkin* war, der noch dazu in der Mitte riß. Da Sie das alles mehr oder weniger voraussahen, ist es klüger, vorläufig auf Jugoslawien zu verzichten. Erklären Sie im Ton echten Bedauerns, daß Michael unbedingt nach Persepolis fahren will. Sie brauchen nicht hinzuzufügen – obwohl Sie es innerlich wissen –, daß ein Versuch, dieselbe Gesellschaft wieder zusammenzubringen, so gut wie sicher ein Mißerfolg wäre. Denn »Kehre nie zurück« (»Es gibt keine Rückkehr«) ist eine goldene Regel.

Ebenso verfehlt wäre eine Dolomitenreise mit dem Rucksack, nur um zu entdecken, daß die Mädchen nicht mehr so hübsch und das Bier nicht mehr so gut wie einst sind. Die Freuden unserer späteren Jahre müssen mehr in Erinnerungen liegen. Nach einem guten Essen ein Glas Kognak schlürfend und den Widerschein der Kerzen in der Mahagoni-Platte bewundernd, dürfen wir ganz beiläufig unsere ehemaligen Reisen nach Albanien oder Bolivien, den Ägäischen Inseln oder Borneo erwähnen. »Ich erinnere mich, wie ich einmal von einem griechischen Schoner in Kap Sunion an Land ging. General Metaxas war damals Diktator, und die Polizei hatte Alarmbereitschaft für die Rebellen in Kreta . . .« Oder bei der Erwähnung Adolf Hitler fällt uns Berchtesgaden ein. »Ich war nur einmal dort. Vom Berghof soll heute nichts mehr stehen, aber damals war er sehr typisch für den Erbauer . . .« Was wir erzählen, mag der Wahrheit entsprechen, was wir aber damit andeuten – nämlich, daß wir alles von der Welt gesehen und erlebt haben –, trifft bestimmt nicht zu. Immerhin bleibt die Tatsache bestehen, daß wir einiges aus unseren Reisen gelernt haben. Insbesondere, daß unsere Überlegenheit als Volk – sofern wir uns für überlegen halten – nur partiell und vergänglich sein kann. Wir haben Ruinen untergegangener Völker gesehen, die einst ebenso mächtig waren wie wir. Wir haben Länder besucht, oft von bescheidenem Umfang, von denen jedes irgendeinen gewichtigen Beitrag zur Literatur, Architektur, Musik oder Malerei geliefert hat. So haben wir mit der Messung unserer eigenen Leistung einen Sinn für Proportionen bekommen.

Von diesem Standpunkt aus gesehen, dürften wenig Erlebnisse den Eindruck übertreffen, den etwa ein Besuch von Ajuthia vermittelt; eine sehr große asiatische Stadt, die nur aus Ruinen besteht. Beim Durchwandern ihrer riesigen Fläche, beim Anblick dieses und jenes verfallenen Tempels schweifen unsere Gedanken unwillkürlich zurück an den Ort, wo wir leben. Würde unsere Stadt, gleich Ajuthia, aussterben, was bliebe nach ein paar Jahrhunderten von ihr übrig, und welche Schlüsse zögen die Archäologen aus dem, was sie fänden? Gewiß ist das je nach Ort verschieden, in manchen Fällen aber wird man sich fragen, ob überhaupt etwas übrigbleibt. Und der schließliche Gewinn einer Reise sollte darin bestehen, daß wir nach Jahren und vielleicht im späteren Alter unser eigenes Land mit anderen Augen betrachten, eher als wären wir dort selber Touristen. Wenn wir über räumliche und zeitliche Vergleichsmöglichkeiten verfügen, sind wir vielleicht nicht so selbstzufrieden. »Ich weiß noch, wie ich einmal in Baalbek ...«, fangen wir an, und schon beginnen die Anwesenden unruhig zu werden. Denn bei aller Freude, die wir an unseren Erinnerungen haben, können sie für andere äußerst langweilig sein.

Ruhestand

Es ist ein gewaltiger Irrtum, anzunehmen, daß wir im Ruhestand rapide altern. Angeblich sind wir, die Alternden, taub, blind, gebrechlich und lahm, aber davon kann gar keine Rede sein. Allerdings stellen wir fest, daß nur wenige so trefflich wie einst artikulieren. Schauspieler, zum Beispiel, beherrschen nicht mehr die Kunst, so zu sprechen, daß sie noch in den hintersten Reihen zu vernehmen sind. Heutzutage müssen wir in den vordersten Reihen sitzen, um überhaupt etwas verstehen zu können. Wie muß es wohl auf der Galerie sein, wo wir in unserer Jugend zu sitzen pflegten? Wie merkwürdig, daß Leute auf Plätzen sitzen, wo sie kein Wort verstehen! Sehen tun wir genauso gut wie früher, vorausgesetzt, wir haben unsere Brille dabei. Schwierig wird es für uns, wenn wir unsere Brille verlegt haben und sie ohne diese nicht finden können. Heutzutage verwendet man in Büchern kleineren Druck, und auch anderes ist nicht mehr wie früher. Sogar das einfachste Gericht – die gekochte Kartoffel – schmeckt nicht mehr wie früher; vermutlich infolge all dieses Kunstdüngers. Aber unsere Energie hat keineswegs gelitten, ganz im Gegenteil. Wir können, Gott sei Dank, viel weiter laufen als viele Jüngere aus unserer Umgebung. Und äußerlich haben wir uns kaum verändert. Da haben unsere Zeitgenossen weniger Glück gehabt. Wir werden nie den Klassentag in unserem alten College vergessen, wo es Leute gab, die so altersschwach wirkten, daß sie kaum wiederzuerkennen waren. Wir hingegen fühlen uns genau wie immer, voller Vitalität und innerlich jung.

Es gehört zu den Ironien des Lebens, daß wir hinter der Maske, die andere sehen, jung bleiben. Wir sind immer noch leicht erstaunt, wenn erwachsene Leute uns respektvoll, wie es dem Alter gebührt, anreden. Wir sehen uns um, um festzustellen, ob noch jemand Älterer da ist, aber es ist keiner so alt wie wir, und so müssen wir erkennen, daß wir tatsächlich alt sind. Aber das ist doch absurd! Wir sind fröhlich wie eh und je, haben immer noch ein Auge für das andere Geschlecht und immer noch Spaß am Unsinn. Wir haben bis heute noch nicht die Schüchternheit überwunden, die uns auf Gesellschaften (und sind es wirklich fünfzig Jahre her?) hemmte. Auf denen ging es weit beklemmender zu als auf den heutigen. Der Hausherr war so vornehm – die Hausfrau so fabelhaft gewandt, der Drachenfels so bedrohlich und der Ballsaal so riesenhaft. So etwas gibt es heute gar nicht mehr. Da gibt's die liebe Susan und den Robert, den lieben Peter und die Joan, Leute, mit denen man in der Schule war, und vor *denen* fürchtet sich doch wohl keiner, argumentieren wir im stillen, aber mit immer geringerer Überzeugung. Das Gesicht, das wir täglich im Spiegel sehen, ist so allmählich gealtert, daß wir den Verfall nicht wahrnehmen können. Die letzten Jahre sind unwahrscheinlich schnell vergangen, und jetzt, so unglaublich es scheinen mag, sind wir auf einmal im Ruhestand.

Das Problem der Überalterung ist für den Mann nicht das gleiche wie für die Frau. Erstens mag der Mann, der in den Ruhestand tritt, älter sein als seine Frau und gewisse Alterskrankheiten entwickelt haben. Außerdem ist es für den Mann ein Schock, dem seine Frau nicht gleichermaßen ausgesetzt ist. Nachdem er fünfundvierzig Jahre ins Büro gegangen ist, hat er plötzlich die Möglichkeit, zu tun, was ihm Spaß macht, kann aber häufig nicht entscheiden, was ihm Spaß machen würde. Der Alltag seiner Frau ist davon weniger betroffen, ihre einzige Schwierigkeit besteht darin, daß ihr Mann zu Hause ist, wenn sie und ihre Putzfrau am Werk sind. Ihre erste Reaktion ist sanfter Ärger darüber, daß er mit der Zeitung im Zimmer sitzt, wo sie abstauben und bohnern möchte. Sie kann ihm entweder einen Werkraum, Atelier oder Arbeitszimmer einrichten oder ihm einen Posten bei der Landkreisverwaltung besorgen. Natürlich darf man nicht etwa das System der Lokalverwaltung als ein Mittel betrachten, den in den Ruhestand getretenen leitenden Angestellten vom Umkreis des häuslichen Staubsaugers fernzuhalten. Tatsache bleibt jedoch, daß die Abschaffung lokaler Komitees (infolge der Ernennung eines Stadtdirektors) eine weitverbreitete häusliche Krise verursachen würde, was politische Theoretiker sehr genau bedenken sollten. Wo der ehemals tätige Mann völlig aus dem Verkehr gezogen wird und weder auf ein früheres Hobby zurückgreifen noch sich für etwas Neues zu interessieren vermag, wird die Hausfrau mit einem Problem konfrontiert, das sich nur dadurch lösen läßt, daß er (wie anzunehmen ist) vor Langeweile stirbt. Sie muß einsehen, daß ein kräftiger Mann, der nicht an einer tödlichen Krankheit leidet und nicht zu Unfällen neigt, so lange lebt, wie er will, nämlich solange ihn etwas interessiert, und schließlich stirbt, weil er genug hat.

Das erste Geheimnis eines glücklichen Ruhestandes besteht darin, allmählich nachzulassen, die vorangehenden ein bis zwei Jahre weniger zu arbeiten und für die folgenden Jahre eine andere Beschäftigung vorzusehen. Ein weiteres Geheimnis liegt darin, ohne Fanatismus Sport zu betreiben. Während Angeln und Golf zu empfehlen sind, sollten Ehefrauen normalerweise ihre Männer davon zurückhalten, im Alleingang die Welt zu umsegeln. Wenn auch gelegentliche Helden akzeptabel sind, sollten solche Abenteuer eher die Ausnahme als die Regel bilden. Die Fahrt um das Kap Hoorn ist schon gefährlich genug, man braucht sie nicht noch durch die Möglichkeit privater Zusammenstöße zu gefährden. Ein drittes Geheimnis liegt in der Unterdrückung sinnlosen Bedauerns. Wozu die Armut unserer Jugend beklagen und daß wir uns damals nicht das teuere Essen leisten konnten, das wir uns heute zwar kaufen können, aber nicht mehr vertragen? Wozu sich in verpaßte Gelegenheiten von Vergnügen oder Liebe vertiefen, wozu sehnsüchtig all den schönen Dingen nachweinen, die damals so billig zu haben waren? Für diejenigen, die sich an die dreißiger Jahre erinnern und seitdem die Inflation der sechziger Jahre erlebt haben, liegt eine bittere Ironie darin, an die Dinge zu denken, die wir damals hätten kaufen können. Hätten wir die Zukunft vorausgesehen, hätten wir uns Werte anschaffen können, die heute Millionen darstellen, angefangen mit Antiquitäten, die inzwischen das Zehn- und Zwanzigfache von dem kosten, was wir damals bezahlt hätten. Was heute 100 Pfund kostet, hätten wir damals für 5 Pfund oder noch weniger kaufen können: aber diese 5 Pfund besaßen wir eben damals leider nicht. In solches Bedauern dürfen wir uns schon deshalb nicht vertiefen, weil es nicht nur deprimierend, sondern uns zu fortwährendem Rückblick verleitet. Wenn wir nicht mehr nach vorn blicken, sind wir tatsächlich alt.

Die Frau eines Mannes im Ruhestand muß vor allem andere Interessen als die der Großmutter anstreben. Diese dürfen nicht von einem Manne abhängen, den sie vermutlich überleben wird. Sie darf sich auch nicht auf die Gesellschaft von Kindern und Enkeln verlassen, deren Treue man leicht überanstrengen kann. Die Schlußphase ihres Lebens sollte eine ganz persönliche sein. Indessen muß sie sich vor Eigenschaften hüten, die sich ganz besonders bei alten Menschen entwickeln. An erster Stelle steht das Kreisen um die eigenen Leiden. Nichts ist bequemer, als krank zu werden und sich auf ein Leben mit Pillen und Tränklein zu beschränken. Die meisten Alterskrankheiten sind wahrscheinlich unheilbar, aber jeder kennt ein Heilmittel, das für seine Kusine oder unverheiratete Tante Wunder getan hat. Wenn ältere Menschen zusammenkommen, dreht sich das Gespräch unwillkürlich um Kräuterkuren, Schwefelbäder, die Zauberkraft von Kupfer und die Erfolge, die von einem Besuch dieser oder jener Klinik zu erwarten sind. Eine gesunde Regel ist, jedes Gespräch über Krankheiten auszuschalten und jeden Bezug auf Übergewicht zu vermeiden. Die Waage im

Badezimmer mag nützlich sein, braucht aber nicht in eine kalorienbezogene Unterhaltung gezerrt zu werden. In Wirklichkeit heilen viele Leiden (zumindest zeitweilig) von selbst, und wir schreiben dann die vorübergehende Besserung dem zuletzt ausprobierten Heilmittel zu. Demnach kann unsere persönliche Erfahrung für andere durchaus wertlos sein. Wer andere Sorgen hat, denkt nicht ständig über Krankheiten nach.

Ferner darf man sich nicht allzu intensiv fortgesetzt mit seinem mehr oder minder wertvollen Hausrat beschäftigen. Im Alter ist man versucht, sich über dessen Vererbung den Kopf zu zerbrechen. Einerseits werden wir vielleicht unsere ältere Schwester beerben: andererseits reden wir stundenlang über das, was wir zu vererben haben. Soll das Bild von Onkel Ebenezer an William gehen, soll Brenda die Vitrine und Sudan den Schreibtisch bekommen? Wenn Brenda das Silber bekommt, sollte William vielleicht das Fischbesteck haben. So kann man Jahre damit verschwenden, Porzellan abzustauben und Silber zu putzen, das keiner benutzt oder je benutzen wird, und Verwandte werden sich stundenlang darüber zanken, warum Nora die Uhr haben soll, von der Großtante immer sagte, Eva solle sie bekommen. Alle solche Diskussionen hören schlagartig auf, wenn wir in eine neue Wohnung ziehen – weil vielleicht die alte für uns zwei jetzt zu groß ist. Im hellen Tageslicht erkennen wir, daß die meisten unserer Sachen wertlos sind. An ihrem gewohnten Platz wirkten sie doch immer sehr schön, aber wie abgenutzt sind sie in Wirklichkeit. Die Teppiche waren sicherlich schon längst fadenscheinig, aber es ist uns nie aufgefallen. Die grauen Vorhänge waren doch ursprünglich grün, und die Lampenschirme haben vermutlich dazu gepaßt. Die Veränderung ging so allmählich vor sich, daß uns alles noch wie neu vorkam. Wir kauften immer nur Qualität, ein Beweis dafür ist die Brücke im Wohnzimmer. Wir haben sie doch erst neulich erworben – nun ja, vor einigen Jahren: tatsächlich 1934 –, und dennoch stellen wir fest, daß sie völlig abgenutzt ist. Draußen sehen wir, daß sie praktisch unbrauchbar ist und nicht einmal mehr eine Reinigung lohnt. Gespräche über Erbstücke sind allzuoft äußerst nichtig.

Wenn man sich schon nicht an Dinge klammern soll, darf man sich erst recht nicht an Tiere klammern. Es gibt Menschen, die im Alter solche Hundenarren werden, daß ein Tier den Platz eines Lieblingssohnes einnimmt. Wenn man ihnen rät, um dem Winter zu entgehen, nach Westindien zu reisen, hängt der ganze Plan von dem Wohlergehen des Pudels ab. In den Schiffszwinger darf Putzi keinesfalls kommen. Ob er bei uns in der Kabine schlafen darf?

Nein? Na, solche Vorschriften sind einfach barbarisch! Wieso sehen die Reeder in einem kleinen, harmlosen Liebling ein Risiko für die Sicherheit des Schiffes? Glauben sie etwa, er wird in einem Augenblick der Gefährdung den Steuermann in das Bein beißen? Ein völlig absurder Gedanke. Er hat, außer *einmal* den Briefboten, nie jemanden gebissen, und daran war der Mann in Wirklichkeit selber schuld, wie man ihn hinterher zwang zu gestehen. Wenn das jedoch die Bestimmungen sind, kann man eben nichts machen. Die See- oder Luftreise kommt sichtlich nicht in Frage, es sei denn, man gibt Putzi zu Cedrics Kusine Agathe in Pension.

»Wir haben das einmal getan, aber nur über das Wochenende. Drei Wochen sind jedoch etwas ganz anderes. Da könnte er vor Sorge und Sehnsucht krank werden. Außerdem hat Agathe eine Katze. Nun ist Putzi zwar ein ungewöhnlich sanfter und lieber Hund, das kann kein Mensch bestreiten. Wohl hat er einmal mit einem Bullterrier gerauft, aber er konnte nichts dafür, das mußte sogar der Besitzer des Terriers zugeben. Putzi würde sich kaum je mit einem anderen Hund anlegen, aber *Katzen* jagt er nun einmal. Nebenan wohnt eine, und die wird jeden Morgen einen Baum hinaufgejagt. Sie ist ein ziemlich furchtsames Geschöpf, aber Agathes neue Perserkatze würde vermutlich jedem Hund die Augen auskratzen. Wenn Putzi verletzt würde, könnte ich mir die Reise nie verzeihen. Also kann Putzi auch nicht zu Agathe. Die einzige andere Möglichkeit wäre, ihn zu Großmutter in Martlesham zu geben. Das haben wir einmal gemacht, es war ganz rührend von ihr, netter konnte man gar nicht sein. Es war im Jahr unserer Reise nach Tanger, und ich werde nie meinen Abschied von Putzi in New Haven vergessen. Großmama holte ihn ab – sie wohnt dort in der Nähe –, und ich sagte Putzi, er müßte sehr, sehr brav sein. Ich hatte Tränen in den Augen, als wir uns verabschiedeten, und dann schifften wir uns für Nordafrika ein. Ich wünschte, ich könnte behaupten, ich hätte die Reise genossen, aber traurigerweise konnte ich einfach nicht Putzis Ausdruck vergessen, als Großmama ihn fortführte. Jeden Morgen beim Frühstück in Marseille oder Tunis oder wo auch immer mußte ich an den traurigen Blick meines Hundes denken. Wir kamen nach Algier, und unser Führer unternahm mit uns einen Ausflug in die Kasbah, das arabische Stadtviertel, wo Antiquitäten verkauft werden und der Film mit Hedy Lamarr und Charles Boyer gedreht wurde. Man muß schon wirklich sehr alt sein, um sich an den auch nur erinnern zu können. Nun, wir saßen in einem Café, tranken den starken Kaffee, den sie dort brauen, und der Führer erzählte uns, wie gefährlich früher die Kasbah gewesen sei. Er muß mich für furchtbar unhöflich gehalten haben, denn plötzlich sagte ich: ›Wie schrecklich es ihm sein muß, so lange ohne sein Frauchen zu sein!‹ Unser Führer hieß Osman und hatte uns, wie mir Cedric nachher erklärte, gerade von den früheren arabischen Herrschern, den Deys von Algier, erzählt. Er glaubte, ich spräche von dem Dey. ›Aber er *war* ja gar nicht ohne sein Frauchen. Sie war bei ihm, auch seine anderen Frauen, der ganze Harem, also *war* es gar nicht schrecklich für ihn.‹ Er sprach so ernst, daß ich gar nicht *wagte*, ihm zu erklären, daß es mein *Hund* war, an den ich dachte. Er hätte es nie verstanden – das können diese Eingeborenen gar nicht – denn Sie wissen ja wohl, wie arabische Hunde behandelt werden? – aber Cedric und ich haben hinterher sehr darüber gelacht, daß er von alten Zeiten redete und ich bloß von meinem Hund, etwas, was kein Ausländer überhaupt begreifen kann. In Gibraltar aber bin ich beinah zusammengebrochen. Ich sah dort einen Hund, der genau wie Putzi aussah! Sekundenlang hatte ich den irrsinnigen Gedanken, daß Putzi uns bis dorthin gefolgt wäre wie der Collie in *Lassie kommt heim*. Dann machte Cedric mich darauf aufmerksam, daß es ja ein ganz anderer Hund war, den wir gesehen hatten. Erstens war es gar kein Pudel, außerdem war er gar nicht schwarz, sondern braunweiß, mit einem struppigen Fell und geringeltem Schweif. ›Aber der Ausdruck‹, rief ich aus, ›war genau derselbe!‹ Cedric hatte den Hund nur von hinten gesehen und konnte infolgedessen seinen Ausdruck nicht beurteilen. Er konnte nur sagen, daß er von anderer Rasse, Größe, Farbe und Form gewesen wäre, und darin mußte ich ihm recht geben. Jedoch fügte ich energisch hinzu, daß ich direkt nach Hause fahren wollte, ohne die geplante Unterbrechung in Paris. Putzi verzehre sich vor Kummer, und wir müßten ihn umgehend erlösen! Er war außer Rand und Band vor Freude, als wir ihn abholten. Großmama war, weiß ich, etwas verschnupft darüber und sagte, dem Hund sei es glänzend gegangen, und er sei mehr spazieren gewesen als sonst. Sie ist natürlich zu kurzsichtig, um den Ausdruck in seinem armen Gesichtchen erkennen zu können. Aber ich weiß nicht, ob ich ihn je wieder hierlassen kann.

Es gibt Leute, die sagen, daß man sich *zu* sehr an seinen Hund attachieren kann, und manche deuteten sogar an, daß ich von dem meinen allzu besessen bin. Es gibt Leute, die die Vivisektion eines Hundes zuließen oder ihn umbringen ließen, weil er den Milchmann angebellt hat. Es gibt überall herzlose und grausame Menschen, aber zumindest gesellschaftlich können wir ihnen aus dem Wege gehen. Putzi bedeutet mir mehr als die meisten Leute, die ich auf einer Cocktail-Party treffe. Cedric hängt fast ebenso an ihm wie ich, auch er findet, daß er zur Familie gehört. Deshalb haben wir heutzutage nicht mehr viel Gäste, weil es Putzi vielleicht stören würde. Und Urlaub zu machen, ist, wie ich Ihnen erzählte, schwierig, weil wir Putzi nicht gern zu Hause lassen. Nein, ich gebe ohne weiteres zu, daß Putzi unser ein und alles ist.«

Bei einer Katze ist die Gefahr, von ihr besessen zu sein, nicht so groß, und am meisten können wir von der Katze in *Alice im Wunderland* lernen, die sich unsichtbar zu machen verstand, wobei sie mit dem Schwanz anfing und mit einem Grinsen endete, das noch eine gewisse Zeit in der Luft schwebte, nachdem alles andere von ihr verschwunden war. »Ach! Ich habe schon oft eine Katze, die nicht grinst, gesehen«, dachte Alice, »aber ein Grinsen ohne Katze! So etwas Merkwürdiges habe ich noch nie gesehen.« Aber ist es denn wirklich so merkwürdig? Ist es im Grunde nicht die beste Art, zu entschwinden?

Knaur-Taschenbücher
Vollständige
Textausgaben

114 ·	Roger Martin du Gard	Enge Verhältnisse *Zwei Erzählungen*
117 · ·	Morris L. West	Tochter des Schweigens. *Roman*
118 : :	Johannes M. Simmel	Bis zur bitteren Neige. *Roman*
119 : :	Gerd Hatje (Hrsg.)	Lexikon der modernen Architektur *Mit 440 Abbildungen*
120 · ·	Die Juwelenpagode	*Ein altchinesischer Roman*
122 · ·	V. S. Pritchett	London – Herz und Antlitz einer Stadt *Mit 16 Fotos von Evelyn Hofer*
124 · · ·	Arnold Krieger	Geliebt, gejagt u. unvergessen. *Roman*
125 · · ·	Victor W. v. Hagen	Sonnenkönigreiche. *Azteken, Inka, Maya. Mit 290 Abbildungen*
127 · · ·	Pearl S. Buck	Lebendiger Bambus. *Roman*
128 · · ·	Vance Packard	Die wehrlose Gesellschaft
130 · ·	Gilbert K. Chesterton	Das Geheimnis des Pater Brown
131 ·	Erich Maria Remarque	Die Nacht von Lissabon. *Roman*
132 : :	Rudolf Pörtner	Die Erben Roms. *Städte und Stätten des deutschen Früh-Mittelalters Mit 44 Abbildungen*
134 · · ·	John Rechy	Nacht in der Stadt. *Roman*
136 ·	Dag Hammarskjöld	Zeichen am Weg
137 ·	Richard E. Kim	Die Märtyrer. *Roman*
138 · · ·	Jürgen Thorwald	Macht und Geheimnis der frühen Ärzte. *Ägypten, Babylonien, Indien, China, Mexiko, Peru Mit 300 Abbildungen*
140 · ·	Willi Heinrich	Maiglöckchen oder ähnlich. *Roman*
141 · · ·	Hans Bernd Gisevius	Adolf Hitler. *Eine Biographie – Versuch einer Deutung*
142 · ·	Mary McCarthy	Florenz. *Mit 15 Meisterfotos*
143 · ·	Harold Robbins	Wohin die Liebe führt. *Roman*
144 · · ·	Rudolf Pörtner	Mit dem Fahrstuhl in die Römerzeit *Städte und Stätten deutscher Frühgeschichte. Mit 118 Abbildungen*
145 : :	Johannes M. Simmel	Liebe ist nur ein Wort. *Roman*
147 · ·	James A. Michener	Karawanen der Nacht. *Roman*
149 · ·	W. C. Heinz	Der Chirurg. *Roman*
151 · · ·	Tatsuo Ishimoto	Japanische Blumenkunst *Mit 146 Abbildungen*
155 ·	Gilbert K. Chesterton	Das fliegende Wirtshaus. *Roman*
156 · ·	Mary McCarthy	Sie und die Anderen. *Roman*

·	Einfachband	DM 2,80
· ·	Zweifachband	DM 3,80
· · ·	Dreifachband	DM 4,80
: :	Vierfachband	DM 5,80

Knaur-Taschenbücher
Vollständige
Textausgaben

157 · ·	Jürgen Thorwald	Das Jahrhundert der Detektive Band I: Das Zeichen des Kain *Mit 37 Abbildungen*
158/9 · · ·	Arthur M. Schlesinger	Die tausend Tage Kennedys. *2 Bd.*
160 · · ·	Jürgen Thorwald	Das Jahrhundert der Detektive Band II: Report der Toten *Mit 20 Abbildungen*
161 : :	Redaktion Life	Die großen Religionen der Welt *Mit 100 farbigen Abbildungen*
163 · · ·	Honoré de Balzac	Tolldreiste Geschichten. *Mit 100 Zeichnungen von Fritz Fischer*
164 · ·	Jürgen Thorwald	Das Jahrhundert der Detektive Band III: Handbuch für Giftmörder *Mit 17 Abbildungen*
165 · · ·	Stefan Andres	Die Biblische Geschichte
166 · ·	Peter Bamm	Ex ovo. *Essays über die Medizin*
168 · · ·	Herbert Read	Erziehung durch Kunst. *Mit 104 Abb.*
169 · ·	Mary McCarthy	Venedig. *Mit 15 Illustrationen*
170 · · ·	Franz Werfel	Das Lied von Bernadette. *Roman*
171 · ·	André Maurois	Von Proust bis Camus
176 · ·	James Morris	Spanien. Porträt eines stolzen Landes *Mit 16 Fotos von Evelyn Hofer*
177 · · ·	Winston S. Churchill	Aufzeichnungen zur europäischen Geschichte. *Mit 12 Übersichtskarten*
178	Franz Werfel	Die vierzig Tage des Musa Dagh *Roman.* DM 7,80
179 · ·	John O'Hara	Butterfield 8. *Roman*
180/181	Ursula Hatje (Hrsg.)	Knaurs Stilkunde I/II *Zwei Bände mit zusammen 536 Seiten und 840 Abbildungen.* DM 4,80 je Bd.
182 · · ·	Peter Matthiessen	Ein Pfeil in den Himmel. *Roman*
184 ·	Egenter/Matussek	Ideologie, Glaube und Gewissen *Diskussion an der Grenze zwischen Moraltheologie und Psychotherapie*
185 · ·	Rudolf Hagelstange	Der schielende Löwe oder How do you like America?
186 : :	Gerhard Zwerenz	Casanova oder der Kleine Herr in Krieg und Frieden. *Roman*
187 · ·	Norman Mailer	Der Alptraum. *Roman*
188 · · ·	Joseph Wechsberg	Hochfinanz international
190 ·	Alexander Solschenizyn	Ein Tag im Leben des Iwan Denissowitsch

·	Einfachband	DM 2,80
· ·	Zweifachband	DM 3,80
· · ·	Dreifachband	DM 4,80
: :	Vierfachband	DM 5,80

Knaur-Taschenbücher
Vollständige
Textausgaben

191 · ·	Jürgen Thorwald	Hoch über Kaprun. *Roman*
192 : :	Redaktion Life	Die Welt in der wir leben *Mit 100 farbigen Abbildungen*
193 · ·	Johannes M. Simmel	Ich gestehe alles. *Roman*
194 : :	Lucy R. Lippard	Pop Art. *Mit 188 Abbildungen*
195 · ·	Peter Bamm	An den Küsten des Lichts *Reisebeschreibung*
196 · ·	Irving Stone	Zur See und im Sattel. *Roman*
197 · · ·	Hugo Hertwig	Knaurs Heilpflanzenbuch *Mit 50 farbigen Pflanzendarstellungen*
198 · ·	Angus Wilson	Später Ruf. *Roman*
199 ·	Ludwig Ganghofer	Der laufende Berg. *Roman*
200	Erich Kästner	Die Kästner-Kassette. *Gesammelte Schriften für Erwachsene.* 8 Bd., 2586 Seiten, Leinen broschiert DM 45,–
201 ·	Ludwig Ganghofer	Der Herrgottschnitzer von Ammergau *Roman*
202 · ·	Ludwig Ganghofer	Der Klosterjäger. *Roman*
203 · ·	Ludwig Ganghofer	Die Trutze von Trutzberg. *Roman*
204 · · ·	Dr. X	Tagebuch eines jungen Arztes
205 · ·	V. S. Pritchett	New York – Herz und Antlitz einer Stadt. *16 Kunstdrucktafeln*
206 · ·	Margaret Laurence	Die Stimmen von Adamo *10 Erzählungen*
207 ·	G. K. Chesterton	Der geheimnisvolle Klub *6 skurrile Geschichten*
208	Irving Stone	Michelangelo. *Roman.* DM 7,80
209 : :	Johannes M. Simmel	Lieb Vaterland magst ruhig sein *Roman*
210 · · ·	Jürgen Thorwald	Die Stunde der Detektive Bd. I: Blutiges Geheimnis *Mit 30 Abbildungen*
211 · · ·	Jürgen Thorwald	Die Stunde der Detektive Bd. II: Spuren im Staub *Mit 23 Abbildungen*
212 · · ·	Sir Francis Chichester	Held der Sieben Meere *Mit 28 Abbildungen*
214 : :	E. M. Nathanson	Das dreckige Dutzend. *Roman*
215 ·	Mary McCarthy	Hanoi 1968
216 · · ·	Westerman/Schumann	Knaurs Opernführer *Mit 290 Opernbeschreibungen und 300 Notenbeispielen*

·	Einfachband	DM 2,80
· ·	Zweifachband	DM 3,80
· · ·	Dreifachband	DM 4,80
: :	Vierfachband	DM 5,80

Knaur-Taschenbücher
Vollständige
Textausgaben

217 · ·	Morris L. West	Der Botschafter. *Roman*
218 · · ·	Mary McCarthy	Die Clique. *Roman*
219 · · ·	J. K. Galbraith	Die moderne Industriegesellschaft
221 · · ·	Robert Crichton	Das Geheimnis von Santa Vittoria *Roman*
222 · ·	Oliver Hassencamp	Ich liebe mich. *Roman*
223 · ·	Peter Bamm	Alexander oder Die Verwandlung der Welt
224 · ·	Desmond Morris	Der nackte Affe
225 · · ·	Mary McCarthy	Der Zauberkreis. *Roman*
226	Irving Stone	Das Leben gehört den Liebenden *Roman.* DM 7,80
227 : :	Rudolf Pörtner	Das Römerreich der Deutschen *Mit 72 Abbildungen*
229 · ·	Morris L. West	Der zweite Sieg. *Roman*
230 ·	Tere Ríos	Der fünfzehnte Pelikan *Mit 13 Illustrationen*
231 ·	D. Frost/A. Jay	»Für England – herzlichst«
232 · ·	Paul Frischauer	Moral und Unmoral der deutschen Frau *Mit 78 Abbildungen*
233 : · :	Andreas Feininger	Die neue Foto-Lehre *Mit 26 Abbildungen, davon 8 farbig*
234 · ·	Johannes M. Simmel	Gott schützt die Liebenden. *Roman*
235	James Clavell	Tai-Pan. Der Roman Hongkongs DM 7,80
236 · · ·	Roloff Beny	Wiege unserer Welt *Mit 61 Abbildungen*
237 : :	Peter F. Drucker	Die Praxis des Management
238 · · ·	Jacqueline Susann	Das Tal der Puppen. *Roman*
239 : :	John O'Hara	Die Lockwoods. Roman einer Familie
240 · · ·	Westerman/Schumann	Knaurs Konzertführer *Mit 370 Notenbeispielen*
241 : :	Ernst Samhaber	Knaurs Geschichte der Entdeckungsreisen. Die großen Fahrten ins Unbekannte. *Mit 172 Abbildungen*
242 · · ·	Gaby von Schönthan	Madame Casanova. *Roman*
243 : :	Edwin O'Connor	Es hatte ein Mann drei Söhne. *Roman*
244 · · ·	Jürgen Thorwald	Die Traum-Oase
245 ·	John K. Galbraith	Die McLandress-Dimension *Mit 32 Illustrationen*

·	Einfachband	DM 2,80
· ·	Zweifachband	DM 3,80
· · ·	Dreifachband	DM 4,80
: :	Vierfachband	DM 5,80
:·:	Fünffachband	DM 6,80

Knaur-Taschenbücher
Vollständige
Textausgaben

246 · · ·	Morris L. West	Der Turm von Babel. *Roman*
247 · · ·	Jan de Hartog	Kapitän Harinx. *Roman*
248 · ·	Peter F. Drucker	Die ideale Führungskraft
249 · · ·	Hans Wilh. Vahlefeld	100 Millionen Außenseiter *Mit 14 Abbildungen*
250 ·	C. Northcote Parkinson	Mrs. Parkinsons Gesetz
251 : :	Elia Kazan	Das Arrangement. *Roman*
252 ·	Gilbert K. Chesterton	Der Mann der Donnerstag war. *Roman*
253 · ·	Erich von Däniken	Erinnerungen an die Zukunft *Mit 26 Abbildungen*
254 · ·	Klaus Harpprecht	Willy Brandt. *Porträt und Selbstporträt*
255	Walter R. Fuchs	Knaurs Buch der modernen Physik *Mit 300 meist farbigen Abbildungen* DM 7,80
256 · · ·	Frank Hercules	Ich will eine schwarze Puppe. *Roman*
257 · ·	Gerhard Zwerenz	Erbarmen mit den Männern. *Roman*

Als weitere Bände erscheinen:

258 · · ·	Helen MacInnes	Das Spiegelbild. *Roman*
259 · ·	Henry Jaeger	Der Club. *Roman*
260 : :	Verner Arpe	Knaurs Schauspielführer
261 :·:	Masters/Houston	Psychedelische Kunst. *Mit 140 teils farbigen Abbildungen*
262 : :	Johannes Mario Simmel	Alle Menschen werden Brüder. *Roman*
263 · · ·	John O'Hara	Lunch am Samstag. *Stories*
264 · ·	Fritz Zwicky	Entdecken, Erfinden, Forschen *Mit 34 Abbildungen und Diagrammen*
265 : :	Peter Bamm	Alexander der Große. Ein königliches Leben. *Mit 254 Abbildungen*
266 · · ·	William Styron	Die Bekenntnisse des Nat Turner *Roman*
267	Walter R. Fuchs	Knaurs Buch der modernen Mathematik *Mit 200 meist farbigen Abbildungen* DM 7,80
268 : :	Peter F. Drucker	Die Zukunft bewältigen. *Aufgaben und Chancen im Zeitalter der Ungewißheit*
269 : :	Charlotte Bühler	Psychologie im Leben unserer Zeit *Mit ca. 120 Abbildungen*

·	Einfachband	DM 2,80
· ·	Zweifachband	DM 3,80
· · ·	Dreifachband	DM 4,80
: :	Vierfachband	DM 5,80
:·:	Fünffachband	DM 6,80